高职高专金融保险专业实用教材

外汇交易实务

杨向荣 主编

周　伟 朱　静 副主编

清华大学出版社
北京

内 容 简 介

本书根据现代金融服务创新与发展状况,结合国际外汇交易业务实际和操作规程,系统介绍外汇、汇率、外汇市场、外汇买卖、交易计算、期货交易、期权业务、实盘买卖、交易平台等外汇交易基本知识,并通过外汇交易模拟系统操作训练提高应用技能。

本书既可以作为高职高专金融管理、国际贸易等专业教学的首选教材,也可以作为金融投资、商业银行、外贸企业从业人员的在职培训教材,对广大社会待业者和创业者也是一本有益的外汇交易自我学习训练手册。

图书在版编目(CIP)数据

外汇交易实务/杨向荣主编. —北京:清华大学出版社,2019(2023.1重印)

(高职高专金融保险专业实用教材)

ISBN 978-7-302-52175-4

Ⅰ.①外… Ⅱ.①杨… Ⅲ.①外汇交易—高等职业教育—教材 Ⅳ.①F830.92

中国版本图书馆 CIP 数据核字(2019)第 011676 号

责任编辑:刘士平
封面设计:常雪影
责任校对:袁 芳
责任印制:宋 林

出版发行:清华大学出版社
  网 址:http://www.tup.com.cn,http://www.wqbook.com
  地 址:北京清华大学学研大厦 A 座   邮 编:100084
  社 总 机:010-83470000   邮 购:010-62786544
  投稿与读者服务:010-62776969,c-service@tup.tsinghua.edu.cn
  质量反馈:010-62772015,zhiliang@tup.tsinghua.edu.cn
  课件下载:http://www.tup.com.cn,010-62770175-4278

印 装 者:三河市少明印务有限公司
经 销:全国新华书店
开 本:185mm×260mm 印 张:11 字 数:253 千字
版 次:2019 年 5 月第 1 版 印 次:2023 年 1 月第 7 次印刷
定 价:36.00 元

产品编号:073535-02

金融既是国家经济的命脉，也是现代经济可持续发展的重要支撑，金融外汇交易服务惠及众多企业和千家万户，涉及各个经济领域，并在促进生产、促进外贸、开拓国际市场、拉动就业、赈灾救灾、支持中小微企业发展、支持大学生创业、推动国家经济发展、投资理财、规避汇率风险、改善民生、构建和谐社会等各方面发挥着越来越重要的作用。因而，越来越受到我国各级金融行业主管部门和金融企业的高度重视。

2008年5月北京市委、市政府出台《关于促进首都金融业发展的意见》，明确将把北京建设成为具有国际影响力的金融中心城市，首都金融业将迎来一次飞速发展的重大契机。金融企业要想更好、更快地开拓国际市场，要想在金融市场竞争中取得优势，就必须走国际化道路，就必须改进金融服务，就必须加强国际金融外汇交易服务。

外汇交易是金融管理专业的专业核心课程，也是商业银行、金融保险、外贸企业、外汇交易投资公司从业者所必须掌握的基本知识技能。当前面对国际金融外汇交易的迅速发展与国际金融市场的激烈竞争，对从业人员素质的要求越来越高。保障我国全球经济活动和国际金融外汇交易业务的顺利运转，加强现代外汇交易从业者的应用知识技能培训，提高我国外汇交易管理水平，更好地为我国金融经济教学实践服务，既是金融企业可持续快速发展的战略选择，也是本书出版的真正目的和意义。

本书作为高等职业教育金融管理专业的特色教材，由多年从事金融外汇交易教学与实践活动的教师共同撰写。本书严格按照教育部关于"加强职业教育、突出实践能力培养"的教学改革要求，突出实操性、注重实践技能培养和训练；本书的出版不仅配合了高职外汇交易教学创新和教材更新，也体现了高职办学育人注重职业性、实践性、应用性特色，既满足了社会需求，也起到了为国家金融经济服务的作用。

本书共八章，以学习者应用能力培养为主线，根据现代金融服务创新与发展，结合国际金融外汇交易业务实际和操作规程，系统介绍外汇、汇率、外汇市场、外汇买卖、交易计算、期货交易、期权业务、实盘买卖、交易平台等外汇交易基本知识，并通过外汇交易模拟系统操作训练提高应用技能。

本书由李大军筹划并具体组织，杨向荣担任主编，周伟、朱静担任副主编,由具有丰富外汇交易教学实践经验的崔娜教授审定。 编写者包括: 牟惟仲(序言)、周伟(第一章)、李静玉(第二章)、卜小玲(第三章)、王宝生(第四章)、黑岚(第五章)、雷燕(第六章)、朱静(第七章)、杨向荣(第八章、附录);华燕萍、李晓新负责文字修改、版式调整、制作课件。

在本书编写过程中,我们参阅了大量外汇交易实务的图书、期刊和相关网站资料,以及国家关于外汇业务管理的最新法规和政策制度,精选了最新典型案例,并得到了金融企业专业人士的指导,在此一并表示感谢。 为了方便教师教学和学生学习,本书配有教学课件,读者可以从清华大学出版社网站(www.tup.com.cn)免费下载使用。 因编者水平有限,书中难免存在疏漏和不足,恳请专家和读者提出宝贵的意见和建议。

编　者

2019 年 1 月

第一章

外汇交易基础知识

知识目标

1. 了解外汇与汇率的种类；
2. 理解外汇与汇率的含义；
3. 掌握常见的货币报价方法。

技能目标

1. 能够看懂汇率牌价；
2. 能够运用汇率报价进行货币兑换；
3. 能够运用汇率进行进出口报价的折算。

学习导航

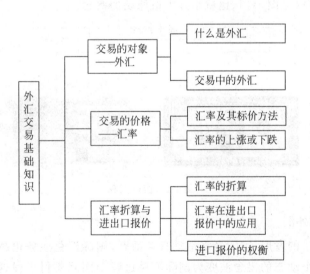

课前导读

你能准确判断以下哪些是外汇,哪些不是外汇吗?

我国某公司持有的美元现金、英镑存款;在美国投资购买的汽车;美国国库券;IBM公司股票;汇丰银行开出的港币旅行支票;越南盾现钞;花旗银行开出的汇票;在美国购买的房产、人民币存款。

如果上述公司是一家美国公司,你又如何判断呢?

在外汇交易中,"外汇"是最基本的概念,它已成为各国从事国际经济活动不可缺少的媒介。要准确把握外汇的确切内涵以及进行各种外汇交易,就有必要从外汇的概念学起。

第一节　交易的对象——外汇

一、什么是外汇

从形态上讲,外汇(Foreign Exchange)的概念可从两个方面来理解,即动态的外汇和静态的外汇。

(一)动态的外汇

由于各国都有自己独立的货币制度和货币,一国货币不能在另一国流通,从而国与国的债权和债务在清偿时,需要进行本外币的兑换。

动态的外汇是"国际汇兑"的简称,就是把一个国家的货币兑换成另一个国家的货币,以清偿国际债权债务的一种专门性的活动。

比如,英国某进出口公司从美国进口一批机器设备,双方约定用美元支付,而英方公司只有英镑存款,为了解决支付问题,该公司用英镑向伦敦银行购买相应金额的美元汇票,然后寄给美国出口商;美国出口商收到汇票后,即可向当地纽约银行兑取美元。这个过程就是国际汇兑(见图1-1),也就是外汇最原始的概念。

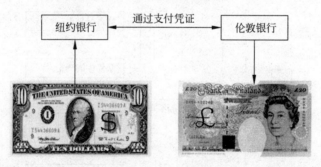

图 1-1　国际汇兑

(二)静态的外汇

随着世界经济的发展,国际经济活动日益活跃,国际汇兑业务也越来越广泛,慢慢地"国际汇兑"由一个动态的概念演变为国际汇兑过程中国际支付手段这样一个静态概念,从而形成了目前外汇的一般静态定义,即以外币表示的、为各国普遍接受的、可用于清偿国际债权债务的金融资产和支付手段。

作为国际支付手段的外汇必须具备3个要素:国际性、自由兑换性和可偿性。我们可以从下述三个方面进一步理解。

（1）外汇必须是以外币计价或表示的各种金融资产。也就是说，用本国货币计价或表示的金融资产不能视为外汇。以美元为例，美元为国际支付中常用的货币，但对美国人来说，凡是用美元对外进行的收付活动都不算是动用了外汇。而只有对美国以外的人来说，美元才算是外汇。

（2）外汇必须具有充分的可兑换性（Convertibility）。一般来说，只有能自由兑换成其他国家的货币，同时能不受限制地存入该国商业银行的普通账户才算作外汇。例如，美元可以自由兑换成日元、英镑、欧元等其他货币，因而美元对其他国家的人来说是一种外汇；而我国人民币现在还不能自由兑换成其他种类的货币，所以人民币对其他国家的人来说尽管也是一种外币，却不能称作外汇。

> **想一想**　朝鲜元现钞为什么不是外汇？

（3）外汇必须在国际上能够被普遍接受。空头支票、拒付的汇票等均不能视为外汇，否则国际汇兑的过程就无法进行，同时，在多边结算制度下，在国际上得不到偿还的债权显然不能用作本国对第三国债务的清偿。

以上对于外汇的理解主要是从狭义的角度来分析，即狭义外汇是指在国外的银行存款以及索取这些存款的外币票据与外币凭证，如汇票、本票、支票等。相对而言，广义的外汇是指国际货币基金组织和各国外汇管理法令中的外汇。

国际货币基金组织对外汇的定义为："外汇是货币行政当局以银行存款、财政部库券、长短期政府证券等形式所持有的国际收支逆差时可以使用的债权。"

我国于2008年8月1日修订了《中华人民共和国外汇管理条例》，该条例第三条对外汇的定义也采用静态的含义。我国的外汇是指以外币表示的可以用作国际清偿的支付手段和资产，具体包括以下5项内容。

（1）外国货币，包括纸币、铸币。

（2）外币支付凭证或者支付工具，包括票据、银行存款凭证、银行卡等。

（3）外币有价证券，包括债券、股票等。

（4）特别提款权。

（5）其他外汇资产。

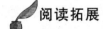

阅读拓展

东兴试验区内实行人民币与越南盾贸易项下自由兑换

近日，国家外汇管理局批准同意在广西东兴重点开发开放试验区开展个人人民币与越南盾兑换特许业务试点，即贸易项下人民币与越南盾自由兑换。这意味着在试验区内实现了四大突破：一是突破客户范围限制，兑换范围从个人扩大到个人和注册地在防城港市东兴国家重点开发开放试验区的境内企业、个体工商户；二是突破业务范围限制，特许机构业务范围从个人零星小额现钞兑换扩大到具有真实交易背景的经常项下人民币与越南盾现钞和现汇兑换业务；三是突破兑换额度限制，兑换业务不受个人结售汇年度5万美元和单日累计5000美元额度限制；四是突破备付金账户开立限制，经批准特许机构可根据需要在中越两国边境银行开立人民币和越南盾账户办理兑换业务。

资料来源：新华网，2014-06-14.

二、交易中的外汇

外汇的种类很多，大部分国家都有自己的货币，但外汇交易中所涉及的货币品种却是有限的。进行外汇交易的货币是国际上可兑换的货币。

（一）外汇交易中的主要货币名称及符号（见表 1-1）

表 1-1　外汇交易中的主要货币名称及符号

国家或地区 (Country or District)	货币名称 (Currency)	ISO 货币符号 （ISO Codes）		惯用缩写 (Abbreviation)
		字母代码 (Alphabetic)	数字代码 (Numeric)	
China(中国)	Renminbi Yuan(人民币元)	CNY	156	￥
Hong Kong(中国香港)	Hong Kong Dollar(港币)	HKD	344	HK＄
Japan(日本)	Yen(日元)	JPY	392	Yen
Singapore(新加坡)	Singapore Dollar(新加坡元)	SGD	702	S＄
European Union(欧盟)	Euro(欧元)	EUR	978	ε
United Kingdom(英国)	Pound Sterling(英镑)	GBP	826	￡
Switzerland(瑞士)	Swiss Franc(瑞士法郎)	CHF	756	SFr
United States(美国)	U. S. Dollar(美元)	USD	840	US＄
Canada(加拿大)	Canadian Dollar(加拿大元)	CAD	124	Can＄
Australia(澳大利亚)	Australian Dollar(澳大利亚元)	AUD	036	A＄

资料来源：国际标准化组织 4217 标准 2001 版：货币和资金表示代码.

（二）主要货币和次要货币

在外汇交易中，交易最频繁的货币叫作主要货币，按照交易额排序分别是美元、欧元、日元、英镑、瑞士法郎、加拿大元和澳大利亚元等。其余的交易货币都被称为次要货币，如新西兰元、南非兰特和新加坡元是经常交易的次要货币。由于国际市场上的交易合同量在不断变化，其他次要货币的交易频率就很难确定了。

（三）现钞和现汇

现钞主要是指由境外携入或个人持有的可自由兑换的外国货币，简单地说，就是指个人所持有的外国钞票，如美元、日元、英镑等。现汇是指由国外汇入或由境外携入、寄入的外币票据和凭证，在日常生活中我们能够经常接触到的主要有境外汇款和旅行支票等。

由于人民币是我国的法定货币，外币现钞在我国境内不能作为支付手段，只有在境外才能成为流通货币，银行在使用中需要支付包装、运输、保险等费用，而现汇作为账面上的外汇,它的转移出境只需要进行账面上的划拨就可以了。因此,在银行公布的外汇牌价中,现钞与现汇并不等值,现钞的买入价要低于现汇的买入价。

想一想　现钞和现汇的区别有哪些?

小贴士

部分外币欣赏见图1-2。

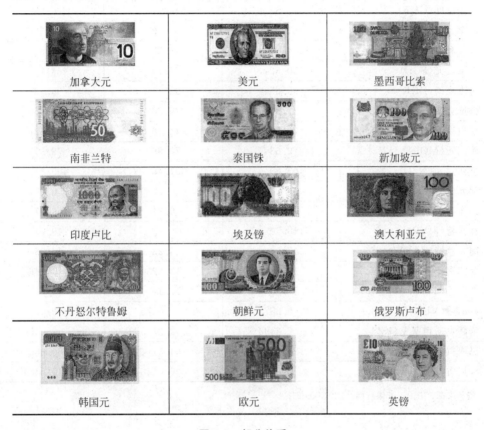

加拿大元	美元	墨西哥比索
南非兰特	泰国铢	新加坡元
印度卢比	埃及镑	澳大利亚元
不丹怒尔特鲁姆	朝鲜元	俄罗斯卢布
韩国元	欧元	英镑

图1-2　部分外币

第二节　交易的价格——汇率

想一想　你了解外汇行情吗?你会看外汇牌价吗?

一、汇率及其标价方法

从表1-2中可以看到各种不同的数字即汇率,那么什么是汇率呢?

表 1-2　中国工商银行人民币即期外汇牌价　单位：人民币/100 外币

币　　　种	现汇买入价	现钞买入价	卖出价
美元（USD）	635.66	630.56	638.20
港币（HKD）	82.02	81.36	82.34
日元（JPY）	5.2692	5.1185	5.3062
欧元（EUR）	715.22	694.76	720.20
英镑（GBP）	985.48	957.29	992.40
瑞士法郎（CHF）	655.67	636.91	660.27
加拿大元（CAD）	481.24	467.48	484.62
澳大利亚元（AUD）	454.37	441.38	457.57
新加坡元（SGD）	450.62	437.73	453.78
丹麦克朗（DKK）	95.85	93.11	96.53
挪威克朗（NOK）	77.52	75.30	78.06
瑞典克朗（SEK）	76.68	74.49	77.22
澳门元（MOP）	79.63	78.99	79.95
新西兰元（NZD）	403.00	391.48	405.84
韩元（KRW）	—	0.5225	0.5417
卢布（RUB）	9.61	9.31	9.67
林吉特（MYR）	148.70	—	149.74
南非兰特（ZAR）	47.54	45.23	47.88
菲律宾比索（PHP）	13.650	13.223	13.746
泰国铢（THB）	17.73	17.17	17.85
越南盾（VDN）	0.0275	0.0275	0.0293
哈萨克斯坦坚戈（KZT）	2.3490	2.2755	2.3656
巴西雷亚尔（BRL）	154.31	154.31	169.66
印尼盾（IDR）	0.0428	0.0428	0.0454

资料来源：中国工商银行网站，2015-09-21。

（一）汇率的含义

汇率（Exchange Rate）是指用一国货币表示另一国货币的价格。换句话说，汇率就是两种不同货币之间的交换比率或比价，故又称为"汇价"或"兑换率"。

从汇率的定义可以看到，汇率属于"价格"的范畴，它跟一般商品的价格有许多类似之处，不过它是各国特殊商品即货币的价格。

【例 1-1】

1 美元＝6.3566 元人民币

上式用人民币表示美元的价格，也可以说成美元兑人民币的比率为 6.3566。

1 英镑＝9.8548 美元

上式用美元表示英镑的价格，也可以说成英镑兑美元的比率为 9.8548。那么在两种货币的价格表示中,到底用哪种货币表示另一种货币的价格呢? 这涉及汇率的标价方法问题。

(二) 汇率的标价方法

汇率的标价方法即汇率的表示方法。因为汇率是两国货币之间的交换比率,在具体表示时就牵涉以哪种货币作为标准的问题,由于所选择的标准不同,便产生了三种不同的汇率标价方法。

1. 直接标价法

直接标价法(Direct Quotation)是以一定单位的外国货币为标准,折算为若干数量的本国货币来表示汇率的方法,即用"本币"表示"外币"的价格。或者说,以一定单位的外币为基准计算应付多少本币,所以又称应付标价法(Giving Quotation),如人民币市场汇价(见表1-3)。

表1-3　人民币市场汇价表(2015 年 9 月 21 日)　　　　单位:元

货币	单位	中间价	货币	单位	中间价
美元	1	6.3676	日元	100	5.3155
欧元	1	7.1957	港币	1	0.8216

资料来源:中国外汇交易中心、中国货币网(http://www.chinamoney.com.cn).

在直接标价法下,外国货币总是一定单位(1、100、10000 等)的固定数额,汇率的涨跌都是以相对的本国货币数额的变化来表示,简称外币不动本币动。

【例 1-2】

假设我国人民币市场汇率为:

月初　　USD1＝CNY6.3676

月末　　USD1＝CNY6.3576

以上变化说明美元贬值,人民币升值。

直接标价法的特点。

(1) 在直接标价法下,本币数量的变化,反映单位外币价值的变化。本币数量增加,则外汇汇率上涨,即外币升值,或本币贬值;反之亦然。

(2) 在直接标价法下,外汇汇率的升降同本币数额的变化成正变动关系。

用直接标价法表示汇率有利于本国投资者直接明了地了解外汇行情变化,它成为目前国际上绝大多数国家采用的标价方法。

2. 间接标价法

间接标价法(Indirect Quotation)是以一定单位的本国货币为标准,折算为若干数量的外国货币来表示汇率的方法,即用"外币"表示"本币"的价格。或者说,以本国货币为标准来计算应收多少外国货币,所以又称应收标价法(Receiving Quotation),如伦敦/纽约外汇行市(见表1-4)。

表 1-4　伦敦/纽约外汇行市表(2015 年 9 月 21 日)

货币名称	1英镑折合外币	货币名称	1美元折合外币
美元	1.5336	新加坡元	2.1879
加拿大元	2.0473	日元	187.15
瑞士法郎	1.5062	港币	12.0404

资料来源:国家外汇管理局.

在间接标价法下,本币金额总是一定单位的固定数额,汇率的涨跌都以相对的外国货币数额的变化来表示,简称本币不动,外币动。

【例 1-3】

假设伦敦外汇市场汇率为:

月初　GBP1=USD1.5336

月末　GBP1=USD1.6386

以上变化说明英镑升值,美元贬值。

间接标价法的特点。

(1) 外币数量的变化,反映该外币价值的变化。外币数量增加,则外汇汇率下降,即外币贬值;反之亦然。

(2) 在间接标价法下,外汇汇率的升降同外币数额的变化成反向变动关系。

目前采用间接标价法的少数货币是:美元、英镑、欧元、澳元、新西兰元、爱尔兰镑、南非兰特等。英镑长期以来采用间接标价法,对欧元采用直接标价法。美国自 1978 年 9 月 1 日起采用间接标价法,但对英镑和欧元仍然沿用直接标价法。

【例 1-4】

假设东京外汇市场月初汇率为 USD1=JPY120.47,月末汇率为 USD1=JPY110.47,以上汇率变化说明什么问题?

假设纽约外汇市场月初汇率为 USD1=HKD7.7501,月末汇率为 USD1=HKD7.7601,以上汇率变化说明什么问题?

分析:东京外汇市场汇率的变化说明美元贬值,日元升值;纽约外汇市场汇率的变化说明美元升值,港币贬值。

> **想一想**　直接标价法和间接标价法下的汇率之间是什么关系?

3. 美元标价法

随着国际金融市场间外汇交易量的猛增,为了便于国际交易,在银行之间报价时通常采用美元标价法(U. S. Dollar Quotation System)。美元标价法是指以美元为标准表示各国货币汇率的方法,目前已普遍用于世界各大国际金融中心。这种现象某种程度上反映出在当前的国际经济中,美元仍然是最重要的国际货币。

【例 1-5】

假设某日瑞士苏黎世外汇市场汇率报价如下：

USD1＝JPY102.60

USD1＝HKD7.7970

EUR1＝USD1.3526

GBP1＝USD1.8564

对瑞士来讲,这些报价既非直接标价法,也非间接标价法,其中 USD1＝JPY102.60 和 USD1＝HKD7.7970 属于以美元为标准表示其他货币的价格,称为美元标价法,而 EUR1＝USD1.3526 和 GBP1＝USD1.8564 属于以其他货币为标准表示美元的价格,称为非美元标价法。

对上述三种标价法的比较见表 1-5。

表 1-5　三种标价法的比较

标价法	名称	公　式	特　点	表　示	注　意
直接标价法	应付标价法	外币/本币＝x 如中国 USD/CNY＝6.2814	外币不变本币数额增加,本币贬值	外币 1＝本币 x 如中国 USD1＝CNY6.2814	除去英镑、美元等
间接标价法	应收标价法	本币/外币＝x 如英国 GBP/USD＝1.6112	本币不变外币数额增加,本币升值	本币 1＝外币 x 如英国 GBP1＝USD1.6112	英镑、美元等
美元标价法		(1) 美元/外币＝x 如 USD/HKD＝7.7970 (2) 外币/美元＝x 如 EUR/USD＝1.3526	美元不变本币数额增加,本币贬值	(1) 美元 1＝外币 x 如 USD1＝HKD7.7970 (2) 外币 1＝美元 x 如 EUR1＝USD1.3526	除英镑

(三) 标价法中的基准货币和标价货币

基准货币(Based Currency)：各种标价法下数量固定不变的货币叫作基准货币,如：GBP1＝USD1.9709 中的 GBP,USD1＝CNY6.8704 中的 USD。

标价货币(Quoted Currency)：各种标价法下数量变化的货币叫作标价货币。

显然,在直接标价法下,基准货币为外币,标价货币为本币;在间接标价法下,基准货币为本币,标价货币为外币;在美元标价法下,基准货币是美元,其他货币是标价货币。

在我国个人外汇实盘买卖的报价中,还有两种报价方法,即直盘报价法和交叉盘报价法。直盘报价法指基准货币或标价货币有一个是美元;交叉盘报价法指不论基准货币还是标价货币都是非美元货币。

例如,EUR/USD＝1.1234/1.1264 属直盘报价法;GBP/JPY＝186.93/187.37 属交叉盘报价法。

（四）汇率的标价原则

1. 正确写法

基准货币/标价货币

GBP/USD=1.5860/70

以上汇率的表示方法还可以写成：GBP1＝USD1.5860/70

2. 辨别买入价与卖出价

（1）交易双方分别为银行和客户时，站在银行角度。

（2）交易双方均为银行或没有银行时，站在报价方角度。

（3）报价汇率中的货币没有本国货币时，站在基准货币角度。

> **想一想** 若 USD/JPY＝102.65/108.30，报价方（或询价方）买入 USD 时要付出多少 JPY？报价方（或询价方）卖出 USD 时要收入多少 JPY？

（五）汇率的类型

外汇汇率的种类很多，特别是在实际业务中，分类更加复杂。这里主要从三个角度对汇率的类型加以介绍。

1. 按汇率制定的角度划分，分为基本汇率和套算汇率

基本汇率（Basic Rate）是本国货币（Local Currency）对某一关键货币的比率。关键货币（Key Currency）是指国际上普遍接受的，国际收支中使用最多，外汇储备中占比最大的自由外汇。套算汇率（Cross Rate）是指通过基本汇率套算得到的两种货币间的汇率。

【例 1-6】

已知基本汇率分别为 USD1＝HKD7.7860，USD1＝SGD1.8405，求套算汇率 SGD/HKD。

分析：由已知条件可得 HKD7.7860＝SGD1.8405，所以 SGD1＝HKD4.2304（7.7860/1.8405），即套算汇率 SGD/HKD＝4.2304。

【例 1-7】

已知基本汇率分别为 GBP1＝USD1.5625，USD1＝CHF1.6032，求套算汇率 GBP/CHF。

分析：由已知条件可得 GBP1＝CHF（1.6032×1.5625）＝CHF2.505，即套算汇率 GBP/CHF＝2.505。

2. 从银行买卖外汇的角度划分，可分为买入汇率、卖出汇率、中间汇率和现钞汇率

买入汇率（Buying Rate）是外汇银行从客户手中买进外汇时所采用的汇率。

卖出汇率（Selling Rate）是外汇银行卖给客户外汇时所采用的汇率。

外汇银行作为从事货币、信用业务的中间商人，赢利主要体现在买入与卖出的差价上；换句话说,外汇卖出价高于买入价的部分是银行买卖外汇的毛收益,包括外汇买卖的手续费、保险费、利息和利润等。

中间汇率(Middle Rate)是买入价和卖出价的算术平均数,即中间价＝(买入价＋卖出价)÷2,报刊、电台、电视中的通常是中间价,它常被用作汇率分析的指标。

现钞汇率(Bank Notes Rate)是银行买卖外币现钞的价格。

由于外币现钞在本国不能流通,需要把它们运至国外才能使用,在运输现钞过程中需要花费一定的保险费、运费,所以银行购买外币现钞的价格要略低于购买外汇票据的价格,而卖出外币现钞的价格一般与现汇卖出价相同。

3. 按外汇买卖交割期限不同,分为即期汇率和远期汇率

即期汇率(Spot Rate)是指买卖双方成交后,于当时或两个工作日之内进行外汇交割时所采用的汇率。交割(Delivery)是指外汇业务中两种货币的对应实际收付行为。远期汇率(Forward Rate)是指买卖双方成交后,在约定的日期办理交割时采用的汇率。

二、汇率的上涨或下跌

(一)汇率上涨或下跌的含义

(1) 汇率上涨(货币升值)指一种货币可以兑换相对多的其他货币。

【例 1-8】

假设某外汇市场的汇率如下:

月初　GBP1＝USD1.5625

月末　GBP1＝USD1.5630

以上变化说明英镑可以兑换更多的美元,即英镑汇率上升,英镑升值。

(2) 汇率下跌(货币贬值)指一种货币只能兑换相对少的其他货币。

【例 1-9】

假设某外汇市场的汇率如下:

月初　USD1＝CNY6.1704

月末　USD1＝CNY6.1695

以上变化说明美元只能兑换更少的人民币,即美元汇率下跌,美元贬值。

在任何一组货币对中,一种货币升值的同时就是另一种货币的贬值,如例 1-8 中,英镑升值,即美元贬值;例 1-9 中,美元贬值,即人民币升值。

(二)汇率变化幅度的表示方法与计算

1. 表示方法一:基本点(基点)

按市场惯例,汇率通常由五位有效数字组成,最后一位数字被称为基本点,它是构成汇率变动的最小单位,如 1 欧元＝1.1011 美元;1 美元＝120.55 日元。欧元对美元从 1.1010 变为 1.1015,变化幅度为 0.0005,称欧元对美元上涨了 5 个基本点。美元对日元从 120.50 变为 120.00,变化幅度为－0.50,称美元对日元下跌了 50 个基本点。可以看

出,通常一个基本点是 0.0001,但也有例外,如在日元的汇率中,一个基本点是 0.01。

除了通过基本点表示汇率的变化以外,还经常使用百分比表示汇率的变化幅度。例如,6 月 24 日,《上海证券报》报道:"从上周一的 6.9028 到本周一的 6.8676,人民币汇率在最近的一周时间里表现出了强劲的升值冲动,屡创新高。按照昨日的 6.8676 计算,人民币在本月升值 796 个基点,折算百分比幅度为 1.15%,升值的速度有所加快。"从这段资料中我们看到了基点和百分比两种表示汇率变化的方式。

> **想一想**   资料中的 796 个基点如何计算?人民币升值幅度 1.15% 又是如何计算出来的呢?

2.表示方法二:百分比

通过以下两个公式可从不同角度计算汇率的变化幅度。

(1) 基准货币/标价货币的汇率变化(%)=(新汇率/旧汇率-1)×100%

(2) 标价货币/基准货币的汇率变化(%)=(旧汇率/新汇率-1)×100%

 **【例 1-10】**

假设某年 1 月 20 日:GBP/CNY=993.15

6 月 20 日:GBP/CNY=990.15

思考:

(1) GBP 升值还是贬值?变化幅度是多少?

(2) CNY 升值还是贬值?变化幅度是多少?

分析:

(1) GBP 由 993.15 变为 990.15,说明 GBP 贬值,贬值幅度为:

基准货币/标价货币的汇率变化(%)=(新汇率/旧汇率-1)×100%
=(990.15/993.15-1)×100%=0.30%

(2) CNY 的升值幅度为:

标价货币/基准货币的汇率变化(%)=(旧汇率/新汇率-1)×100%
=(993.15/990.15-1)×100%=0.31%

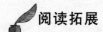 **阅读拓展**

人民币对美元汇率中间价下跌 69 个基点

新华网上海 9 月 21 日电(记者王淑娟)   来自中国外汇交易中心的最新数据显示,21 日人民币兑美元汇率中间价报 6.3676,较前一交易日下跌 69 个基点。

中国人民银行授权中国外汇交易中心公布,2015 年 9 月 21 日银行间外汇市场人民币汇率中间价为:1 美元兑人民币 6.3676 元,1 欧元兑人民币 7.1957 元,100 日元兑人民币 5.3155 元,1 港元兑人民币 0.82163 元,1 英镑兑人民币 9.8930 元,1 澳大利亚元兑人民币 4.5807 元,1 新西兰元兑人民币 4.0697 元,1 新加坡元兑人民币 4.5372 元,1 加拿大元兑人民币 4.8177 元,人民币 1 元兑 0.66082 林吉特,人民币 1 元兑 10.4388 俄罗斯卢布。

前一交易日,人民币兑美元汇率中间价报 6.3607。

美联储暂缓加息,人民币兑美元汇率中间价本周首个交易日有所下跌。

资料来源:和讯财经,2015-09-21.

第三节 汇率折算与进出口报价

在进出口贸易中,经常会遇到以下情况:出口业务中,原来出口商品以一种货币报价,现在需要改用另一种货币报价;进口业务中,我方需要比较不同货币的报价。解决这些问题需要掌握汇率的折算方法、进出口报价的权衡办法,以及正确运用汇率的买入价和卖出价等。

一、汇率的折算

(一)外币/本币——本币/外币

外币/本币折算为本币/外币,即已知 1 单位甲货币=××乙货币的中间价,求 1 单位乙货币=××甲货币的中间价。

计算方法:取倒数。

【例 1-11】

我国出口商对外报价某种商品每千克 100 元人民币,客户回电要求改报美元价,那么我国出口商应报多少美元?(假设当日汇率为 USD/CNY=6.8684)

分析:首先将 USD/CNY 折算为 CNY/USD=1/6.8684=0.1456

则商品的外币价格为:$100 \times 0.1456 = 14.56$(美元)。

(二)外币/本币的买入价/卖出价——本币/外币的买入价/卖出价

外币/本币的买入价/卖出价折算为本币/外币的买入价/卖出价,即已知 1 单位甲货币=××乙货币的买入价/卖出价,求 1 单位乙货币=××甲货币的买入价/卖出价。

计算方法:取倒数,并调换顺序。

> **想一想** 为什么要调换顺序呢?

【例 1-12】

若中国香港外汇市场某日外汇牌价为:GBP/USD=1.9709/1.9727,求 USD/GBP。

分析:按照"取倒数,并调换顺序"的方法。

$$USD/GBP=(1/1.9727)/(1/1.9709)=0.5070/0.5074$$

二、汇率在进出口报价中的应用

在外汇市场上,通常是同时报出买入价和卖出价,而买入价和卖出价之间一般相差 1‰~3‰。进出口商如果在货价折算、对外报价与履行支付义务时考虑不周、计算不精或合同条款不明确,就会遭受损失。在运用汇率的买入价或卖出价时,应遵循以下原则。

（1）本币报价折算为外币报价，应用外币的买入价（即本折外，用买入）。

（2）外币报价折算为本币报价，应用外币的卖出价（即外折本，用卖出）。

（3）两种外币相折，以外汇市场所在国的货币视为本币。

注：上述"用买入"是指外币的买入价，"用卖出"是指外币的卖出价。

【例 1-13】

中国香港出口商出口机床的底价为 100000 港币，现外国进口商要求用美元报价，即 100000 港币相当于多少美元？（假设当天汇率为 USD/HKD＝7.7890/7.7910）

分析：根据"本折外，用买入"，即选择汇率 7.7890，100000÷7.7890＝12838.6（美元）。

【例 1-14】

中国香港某出口商出口每套西服的底价为 100 美元，现外国进口商要求用港元报价，即 100 美元相当于多少港元？（假设当天汇率为 USD/HKD＝7.7890/7.7910）

分析：根据"外折本，用卖出"，即选择汇率 7.7910，所以 100 美元＝100×7.7910＝779.1（港元）。

【例 1-15】

我国向英国出口商品，原报价商品单价为 10000 英镑，现英国进口商要求我方改用美元报价，请问我方应报价多少？

（伦敦外汇市场汇率为 GBP1＝USD1.7085/1.7090）

（纽约外汇市场汇率为 GBP1＝USD1.7167/1.7172）

分析：若按伦敦汇率折合，应将英镑视为本币，根据"本折外，用买入"的原则

$$10000×1.7090＝17090（美元）$$

若按纽约汇率折合，应将美元视为本币，根据"外折本，用卖出"的原则，10000 英镑折成美元为

$$10000×1.7172＝17172（美元）$$

三、进口报价的权衡

在进口贸易中，如果一种商品有两种货币报价，那么选择哪种报价更为有利呢？这需要使用如下方法进行权衡。

【例 1-16】

我国某公司从法国进口商品，以欧元报价为每件 200 欧元，以美元报价为每件 297.66 美元。

思考：对我国进口商来讲，哪种报价更合适？如何比较？

方法 1：将两种报价折成人民币进行比较。

若当日我国某银行外汇牌价为，EUR/CNY＝10.7375/10.7698，USD/CNY＝6.8704/6.8785。

将欧元报价折成人民币为：

$$200 \times 10.7698 = 2153.96(元人民币)$$

将美元报价折成人民币为：

$$297.66 \times 6.8785 = 2047.45(元人民币)$$

所以以 USD 报价更便宜一些。

方法2：将两种货币折成同种货币进行比较。

若当天汇率为 EUR/USD＝1.4993,则 200 欧元＝299.86 美元。

所以以 USD 报价更便宜一些。

如果不考虑其他因素,我国进口商应接受美元报价。

本 章 要 点

1. 外汇交易的对象——外汇,包括外汇的概念、外汇交易以及交易中的外汇。

2. 外汇交易的价格——汇率,包括汇率的含义及标价方法、汇率上涨和下跌的含义及计算。

3. 汇率折算与进出口报价,包括汇率在进出口报价中的应用,进口报价的权衡。

本章思考题

一、填空题

1. 在直接标价法下,外汇汇率升降与本币数量增减成_____比,与本币币值升降成_____比。

2. 在间接标价法下,外汇汇率升降与外币数量增减成_____比,与本币币值升降成_____比。

3. 在美国外汇牌价都采用_____标价法,而对_____采用直接标价法。

4. 若1美元＝7.7156港币,在美国属于_____标价法,在中国香港属于_____标价法,而在其他国家属于_____标价法。

二、选择题

1. 在直接标价法下汇率上升,则本国货币(　　),二者成(　　)。

    A. 升值　　　　　　B. 贬值　　　　　　C. 正比　　　　　　D. 反比

2. 在间接标价法下汇率上升,则本国货币(　　),二者成(　　)。

    A. 升值　　　　　　B. 贬值　　　　　　C. 正比　　　　　　D. 反比

3. 在直接标价法下本币升值,则兑换本币数量(　　),表示外汇汇率(　　)。

    A. 增加　　　　　　B. 减少　　　　　　C. 上升　　　　　　D. 下降

4. 在间接标价法下本币升值,则兑换外币数量(　　),表示外汇汇率(　　)。

    A. 增加　　　　　　B. 减少　　　　　　C. 上升　　　　　　D. 下降

三、计算题

1. 在中国香港,美元被作为关键货币,设某日汇率1美元＝7.7156港币,同日纽约市场汇率 1 美元＝0.8109 欧元。问：美元在中国香港是哪一种标价法？在纽约是哪一种标价法？1 欧元兑换多少港币？

2. 某日我国外汇市场汇率 1 美元＝6.8684 元人民币，1 澳元＝5.9335 元人民币。求：1 美元兑换多少澳元？

3. 已知 1 英镑＝2.2847 加元，1 英镑＝14.8987 元人民币。求：1 加元等于多少元人民币？

4. 已知 1 英镑＝14.8987 元人民币，1 美元＝6.8720 元人民币。求：1 英镑兑换多少美元？

5. 已知 1 美元＝1.1891 瑞士法郎，1 英镑＝1.5227 美元。求：1 英镑兑换多少瑞士法郎？

四、分析题

1. 以下币种在不同国家分别是什么标价方法？

GBP1＝USD1.6650（英国、美国）

USD1＝CNY8.2700（美国、中国）

JPY100＝CNY7.6500（中国、日本）

2. 某日我国某机械进出口公司从美国进口机械设备。美国出口商采用两种货币报价：美元报价单价为 6000 美元，英镑报价单价为 4000 英镑。

(1) 查询当日人民币对美元和英镑的即期汇率是 1 美元＝6.8729/6.8830 元人民币；1 英镑＝15.6941/15.7405 元人民币。

(2) 若当日伦敦市场的即期汇率是 1 英镑＝1.9355/1.9365 美元。

分析：我公司在以上两种条件下分别应接受哪种货币的报价？

3. 近年来，人民币升值的趋势越来越明显，请从宏观经济方面和微观经济方面阐述人民币升值对我国经济现在及未来发展的影响。

五、实训题

1. 你希望卖出瑞士法郎买入日元，已知市场信息如下：

USD/CHF USD/JPY

A 银行　1.4947/57　141.75/05

B 银行　1.4946/58　141.75/95

C 银行　1.4945/56　141.70/90

D 银行　1.4948/59　141.73/93

E 银行　1.4949/60　141.76/85

请问：

(1) 你将从哪家银行卖出瑞士法郎买入美元？汇率为多少？

(2) 你将从哪家银行卖出美元买入日元？汇率为多少？

2. 查询近期人民币兑美元汇率，对比一年前的汇率，计算人民币与美元的升贬值幅度。

第二章

外 汇 市 场

知识目标

1. 了解外汇市场及其发展情况和外汇市场的特点；
2. 了解外汇市场中的参与者和主要的国际外汇市场；
3. 了解我国外汇市场的基本特征。

技能目标

1. 掌握个人外汇买卖业务的基本操作方法；
2. 掌握个人外汇买卖业务的交易方式。

学习导航

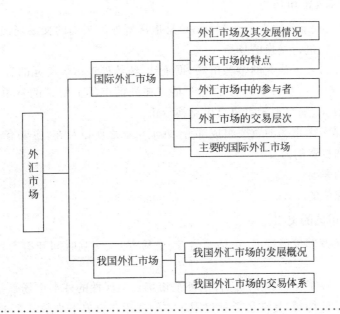

课前导读

  2015 年 9 月 22 日，美元指数触及逾两周高点，市场仍然认为美联储会在当年加息，而欧洲央行将进一步放宽政策。美元指数涨 0.37%，报 96.25，接近 96.40 的两周高位。

  欧元兑美元盘中跌至 1.1113，是 9 月 4 日以来的最低位，美联储官员近期的讲话暗示，美联储仍可能在今年进行 2006 年以来的第一次升息。

美元兑日元下跌,因担心全球经济增长。分析师称,交易商消化了美联储 9 月 17 日的政策声明以及美联储主席耶伦关于担心全球经济的讲话,这又扶助避险日元上涨,而风险较大的新兴市场货币下跌。

欧洲央行主席德拉基和美联储主席耶伦分别将在当地时间的周三和周四发表讲话,分析师预计德拉基将暗示采取更多的刺激措施,这使得欧元兑美元走低。

欧元兑美元跌 0.49%,至 1.1134。美元兑日元尾盘跌 0.43%,报 120.05。美元兑瑞郎尾盘涨 0.32%,报 0.97480。美国股市走低,标普 500 指数收跌 1.23%。

以上就是主要货币在纽约外汇市场上一天的整体行情分析。看了以上分析,你是否会产生疑问:什么是外汇市场?外汇市场都有哪些交易可以进行?交易的目的是什么?影响外汇汇率变动的因素有哪些?本章将从外汇市场概念出发,讲述国际外汇市场的特点、参与者,对主要的国际外汇市场进行介绍,接着讲述我国外汇市场的特征和体系,以及个人外汇买卖的操作。

第一节　国际外汇市场

一、外汇市场及其发展情况

(一) 什么是外汇市场

外汇市场(Foreign Exchange Market)是指从事外汇买卖的交易场所,或者说是各种不同货币相互之间进行交换的场所。

外汇市场是世界上最大的金融市场,据统计,纽约外汇市场美元的日交易额达数千亿美元,是纽约证券交易所日交易额的几十倍。在外汇市场上交易的货币主要是美元、英镑、瑞士法郎、日元、加拿大元等可自由兑换货币。

外汇市场是金融市场的重要组成部分,外汇市场之所以存在,主要有以下几个原因。

(1) 贸易和投资的需要。

(2) 投机的需要。

(3) 对冲保值的需要。

(二) 外汇市场的类型

外汇市场依据其发展程度、市场参与者、交易方式、交割时间和有无场所等可分为如下几种类型。

(1) 地区性的外汇市场和国际性的外汇市场。地区性的外汇市场是指外汇银行和当地居民进行交易的场所,其交易币种仅限于本国货币与世界上少数几个国际货币,交易量少,如泰国的曼谷外汇市场。

国际性的外汇市场是指外汇银行与境内外居民进行外汇交易的市场,交易币种包括各国的货币,交易量巨大,如纽约外汇市场、伦敦外汇市场。

(2) 广义的外汇市场和狭义的外汇市场。广义的外汇市场又称客户市场,是指银行与客户间的外汇买卖市场,主要以零星交易为主,交易量比较小。

狭义的外汇市场又称银行间市场,是指外汇银行为了轧平其外汇或资金头寸,从事外汇抛补交易或金融性交易的市场,是外汇市场的主流。

(3) 大陆式外汇市场和英美式外汇市场。大陆式外汇市场又称有形外汇市场,有固定的地点和固定的交易时间,集中交易,如法国巴黎和中国上海等外汇市场。

英美式外汇市场又称无形外汇市场,没有固定地点集中进行外汇交易,市场参与者可以在任何时间、采取各种方式进行交易,如英国伦敦、中国香港等外汇市场。

大陆式外汇市场和英美式外汇市场两者之间的异同见表 2-1。

表 2-1　大陆式外汇市场与英美式外汇市场的异同

项　目	大　陆　式	英　美　式
交易地点	有具体的交易场所,一般设在证券交易所内部的外汇交易厅	没有具体的交易场所
交易时间	固定时间	没有固定的开盘或者收盘时间
交易方式	各银行的交易代表集中在交易厅内进行交易	买卖双方在安排成交时无须见面,通过连接银行和外汇经纪人的电话、电报、电传、计算机终端等进行
代表市场	欧洲大陆上的外汇市场(除瑞士、伦敦等)	伦敦、纽约、东京

(4) 管制外汇市场和自由外汇市场。管制外汇市场是指政府对外汇的买卖、外汇资金出入国境以及汇率水平进行了严格规定的市场,如中国外汇市场。

自由外汇市场是指政府对外汇的买卖、外汇资金的出入国境以及汇率不进行任何限制的市场,目前发达国家的外汇市场属于这一类。

二、外汇市场的特点

近年来,外汇市场之所以为越来越多的人所青睐,成为国际上投资者的新宠儿,这与外汇市场自身的特点密切相关。

(一) 全天 24 小时交易

国际外汇市场从地理上可分为远东及中东、西欧和北美三大中心。全球各地区的外汇市场随地球自转,能够按照世界时区的差异相互衔接,从星期一到星期五,出现全球 24 小时不间断的连续市场。从格林尼治国际标准时间 GMT22:00 开始,也就是北京凌晨 6 点开始(见图 2-1),新西兰的惠灵顿、澳大利亚的悉尼相继开市,接着是日本的东京,中国香港、新加坡早晨 10 点开市,然后是中东地区的巴林开市,随后是巴黎、法兰克福、苏黎世,再是伦敦,到北京时间 21:30,纽约开市,之后芝加哥、旧金山开市。

惠灵顿、悉尼、东京、中国香港、法兰克福、伦敦、纽约等地区的各大外汇市场紧密相连,为投资者提供了没有时间和空间障碍的理想投资场所。只有星期六、星期日以及各国的重大节日,外汇市场才关闭。

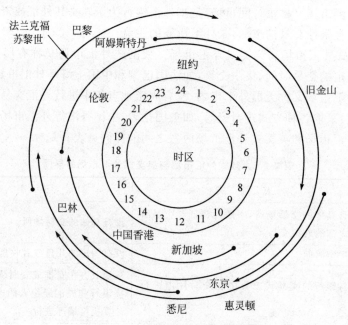

图 2-1　外汇市场开市时间（北京时间）

小贴士

国际重要汇市交易时间（北京时间）

惠灵顿 04：00—13：00；悉尼 06：00—15：00；东京 08：00—15：30；
中国香港 10：00—17：00；法兰克福 14：30—23：00；伦敦 15：30—00：30；
纽约 21：00—04：00

（二）成交量巨大

随着计算机及相关技术的不断发展，跨国资本流动加速，亚、欧、美等洲时区市场连成一片，外汇交易量从 20 世纪 80 年代中期的每天约 700 亿美元，猛升至 30 多年后今天的每天成交额超过 50000 亿美元。其规模已远远超过股票、期货等其他金融商品市场，财富转移的规模越来越大，速度也越来越快。

（三）有市无场

外汇买卖是通过没有统一操作市场的行商网络进行的，现代化通信设备和电子计算机大量应用于这个由信息流和资金流组成的无形市场。各国外汇市场之间已形成一个迅速、发达的通信网络，任何一地的外汇交易都可通过电话、计算机、手机等设备在全球连通的网络中进行，从而完成资金的划拨和转移。这种没有统一场地的外汇交易市场被称为"有市无场"。尽管外汇市场"有市无场"，但它具备信息公开、传递迅速的特点。

（四）零和游戏

在外汇市场上，汇价波动表示两种货币价值量的变化，也就是一种货币价值的减少与另一种货币价值的增加。因此有人形容外汇市场是"零和游戏"，更确切地说是财富的转移。

（五）交易成本低

外汇交易不收取佣金或手续费，只设定点差作为交易的成本，相对而言，成本较为低廉。

（六）双向交易

外汇市场操作可以进行双向交易，交易者可以先买后卖进行多头交易，也可以先卖后买进行空头交易。而股票市场只能"先买后卖"进行单向交易。

（七）政策干预程度低

虽说一国中央银行会从实现货币和汇率政策、宏观经济运行的整体要求等角度出发，对外汇市场进行相应的干预活动，但中央银行干预的能力在这个容量巨大的外汇市场中并不突出，况且在买卖双方阵营中随时都有大型金融机构和为数众多的普通交易者不断地参与交易活动，所以没有机构或个人能够操纵市场。国际外汇市场与期货或股票市场相比，是最公平的市场。

（八）成交方便

利用杠杆进行保证金交易是外汇市场相对于股票交易市场的主要优势。外汇市场每天的交易量超过 50000 亿美元，是美国股票市场日交易量的 30 倍。巨大的交易量使市场保持高度流通，因此也保证了价格的稳定。高交易量、高流通性和高价格稳定性，这三个因素是支持高杠杆率的理由。

三、外汇市场中的参与者

外汇市场的参与者由外汇供给者与需求者组成，这些参与者出于各自的交易目的进行外汇买卖。参与者因目的不同，从而对外汇市场的影响也不同，以下我们逐一分析。

（一）中央银行

中央银行是外汇市场的特殊参与者，它是各国货币的供给者，是各国银行体系的管理者，也是外汇管制的执行者。

（二）外汇银行

外汇银行担当外汇买卖以及资金的融通、筹措、运用与调拨任务，是外汇市场的主体，90%左右的外汇买卖业务是在外汇银行之间进行的。

外汇银行是经中央银行批准，可以从事外汇经营活动的商业银行和其他金融机构，其主要业务包括：外汇买卖、汇兑、押汇、外汇存贷、外汇担保、咨询及信托等。

（三）外汇经纪人和外汇交易员

外汇经纪人是专门介绍外汇买卖业务、促使买卖双方成交的中间人。

外汇经纪人分为两类：一类叫作一般经纪人，他们用自有资金参与买卖中介活动，并承担损益；另一类叫作跑街经纪人，俗称掮客，他们不参与外汇买卖活动，仅凭提供信息收取佣金，代客户买卖外汇。

（四）一般客户

一般客户是指外汇市场上除外汇银行之外的企业、机关、团体。他们是外汇的最初供应者和最终需求者，如从事进出口贸易的企业，进行跨国投资的企业和偿还外币负债的企业，以及需要汇款的个人等。一般客户的外汇买卖活动反映了外汇市场的实质性供求，尽管这部分交易在外汇市场交易中比例不大，但对一国国民经济却产生实际影响。

（五）外汇投机者

外汇投机者是通过预测汇率的涨跌趋势，利用某种货币汇率的时间差异，低买高卖，赚取投机利润的市场参与者。外汇投机者对外汇并没有真实的需求，如调整头寸或清偿债权债务，他们参与外汇买卖纯粹是为了寻找因市场障碍而可能利用的获利机会，这些机会是隐蔽的，难以被发现。

四、外汇市场的交易层次

外汇市场的参与者在市场中交易主要分三个层次进行（见图2-2）。

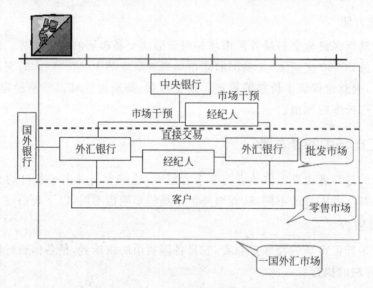

图 2-2　外汇市场的层次结构

（1）顾客与银行间的外汇交易。是指外汇银行与客户之间的外汇交易。其交易额相对于银行同业间的交易额而言比较小，故又称为零售外汇交易。

（2）银行同业间的外汇交易。是指外汇银行与外汇银行之间进行的外汇交易，因其交易额大，又称批发外汇交易。在外汇市场上，银行同业间的外汇交易量通常占总交易量的90%以上。外汇银行参与同业间外汇买卖的目的有两点：弥补与顾客外汇交易而产生的买卖差额；进行套利、套汇、投机等营利性外汇交易。

（3）中央银行与外汇银行之间的外汇交易。中央银行出于管理的需要而干预外汇市场，其干预目的主要通过直接与外汇银行进行外汇交易而实现，有时也通过外汇经纪人从中撮合而进行。

五、主要的国际外汇市场

世界外汇市场是由各国际金融中心的外汇市场构成的，这是一个庞大的体系。目前，世界上大约有 30 多个主要的外汇市场，它们遍布于世界各大洲的不同国家和地区并相互联系，形成了全球统一外汇市场。根据传统的地域划分，可分为亚洲、欧洲、北美洲三大部分，其中，最重要的有伦敦、纽约、东京、新加坡、法兰克福、苏黎世、中国香港、巴黎、洛杉矶、悉尼等。另外，一些新兴的区域性外汇市场如迪拜、开罗和巴林等，也大量涌现，并逐渐走向成熟。这些外汇市场各具特色，分别位于不同的国家和地区。

第二节　我国外汇市场

一、我国外汇市场的发展概况

我国外汇市场是伴随着我国经济体制改革的深化和对外开放的不断扩大而产生并发展起来的。1985 年 12 月，在深圳特区成立了我国第一个外汇调剂中心，正式开办留成外汇调剂业务。1994 年，我国进一步改革外汇管理体制，建立全国统一的银行间外汇交易市场，即中国外汇交易中心，使我国的外汇市场发生了实质性的变化。该中心与全国20 多个城市的外汇交易分中心联网，形成了统一整体。交易方式是分散报价、计算机统一撮合成交、资金统一清算，实行 T＋1 的清算制度，属于有形外汇市场。其市场参与者为在中国注册的中资银行、外资银行、经营外汇的非银行金融机构和人民银行，交易时间为9：00—15：30，交易币种为美元、欧元、日元、港币等，其中以美元为主，报价采用直接标价法。

2006 年起，银行间外汇市场交易主体，既可以选择集中授信、集中竞价的交易方式，也可以选择以双边授信、双边清标的方式进行询价交易。同时在银行间外汇市场引入做市商制度，为市场提供流动性。2008 年 10 月，为进一步提高外汇市场流动性和交易效率，规范和鼓励货币经纪公司在银行间外汇市场开展外汇经纪业务，为市场参与者节约询价时间、便利匿名报价提供新的交易手段，在市场参与者、中国外汇交易中心和货币经纪公司之间形成良性互补互动，丰富和完善了外汇市场交易机制。

作为全球最主要的经济体之一，我国的经济规模、发展潜力和市场容量等一系列因素，决定了我国外汇市场完全有条件发展成为具有重要影响力的市场之一。"十二五"期间，我国将继续推进外汇市场稳步发展，按照我国经济金融发展的基本国情和特殊要求，遵循国际外汇市场发展规律，拓展外汇市场的广度和深度，支持金融创新的有序发展，形成交易方式多样化、参与主体多元化、交易产品日趋丰富、市场监管透明有效的外汇市场体系，充分反映市场供求关系的变化，推动完善以市场供求为基础的有管理的浮动汇率制度。

目前，我国的外汇市场主要有以下几个特点。

（1）银行间外汇市场采用电子竞价交易系统，会员通过现场或远程交易终端自主报价，交易系统按照"价格优先、时间优先"的原则进行交易。

（2）银行间外汇市场上的加权平均汇率是经中国人民银行公布后，商业银行制定对客户结售挂牌汇价的基准汇率。

（3）银行与客户之间的交易，具备真实有效的商业背景，外汇管理开放程度为交易自由度的限度。

（4）银行间外汇市场实施 T＋1 和集中清算方式，交易中心统一为会员办理成交后的本币与外币资金清算交割。

 阅读拓展

中国外汇交易中心外汇交易系统简介

中国外汇交易中心受中国人民银行和国家外汇管理局委托，负责为银行间外汇市场提供统一、高效的电子交易系统，目前运行的外汇交易系统于 2007 年 4 月 9 日上线运行，采用做市商报价驱动的报价机制，中、外资做市商（22 家人民币外汇做市商和 16 家外币对做市商）通过 API 程序接口为银行间外汇交易系统提供流动性。该系统提供集中竞价与双边询价两种交易模式，支持人民币对 5 种外币和 8 组外币对的即期、远期和掉期交易，同时还包括交易分析、数据直通处理和即时通信工具等辅助功能。

二、我国外汇市场的交易体系

（一）我国外汇市场的构成

我国外汇市场的构成包括柜台市场和同业市场两个部分。

1. 柜台市场

柜台市场也称为零售市场，是外汇指定银行与客户之间的交易市场。顾客零售市场主要办理银行同客户间的结汇售汇业务。该市场实行结汇、售汇制，结汇、售汇的范围依据《结汇、售汇及付汇管理暂行规定》。

2. 同业市场

同业市场也称为银行间市场，是外汇指定银行为了轧平其外汇头寸，互相进行投机交易而形成的外汇买卖市场。银行间外汇市场的职能是为经营外汇业务的金融机构相互调剂外汇余缺，提供平仓、补仓及清算服务。对外汇指定银行周转外汇实行比例管理、现货买卖和实盘交易。

（二）我国外汇市场的参与者

我国外汇市场的主要参与者包括外汇指定银行、客户和中央银行，此外还有外汇经纪人和经纪商。

1. 外汇指定银行

外汇指定银行是外汇市场最主要的参与者。在我国，外汇指定银行是中央银行指定或授权经营外汇业务的商业银行。如中国银行、中国建设银行、中国工商银行、中国农业银行等 16 家银行以及外国银行在我国设立的分支机构。外汇指定银行参与外汇市场的经营活动包括以下 3 个方面。

（1）代客户买卖外汇。

（2）进行银行同业间的外汇交易，以调整自身的外汇头寸。

（3）组织和创造外汇行情，并利用外汇市场行情的波动赚取利润。

2. 客户

在我国，客户是指与外汇指定银行存在外汇交易关系的生产经营性公司或者个人，主要有跨国集团、进出口贸易公司、资产管理机构、投机者、外汇市场投资者以及留学人员、旅游者、侨居者。客户在外汇市场上具有非常重要的作用，是外汇的终极供求者。跨国集团因为国际业务的需要，经常在各国的分公司之间进行资金的调拨，是外汇交易的重要参与者。资产管理机构也是外汇市场上重要的参与者，它管理着巨额的资金和有价证券，为了使其管理的资产在外汇市场的波动中实现增值或保值而进行交易。外汇市场的投机者和投资者则企图利用外汇市场汇率的波动，采用不同形式进行外汇交易，从中实现赚取差价，他们也是外汇市场的重要参与者。留学人员、旅游者和侨居者出于对经济生活的实际需要，也会参与外汇市场交易。

3. 中央银行

在外汇市场上，各国中央银行作为外汇市场的干预者，介入外汇市场的意图就是维护本国货币币值的稳定，保证市场的有序运行。中央银行干预外汇市场主要是通过公开市场业务来进行的，即直接或间接地参与市场交易，以达到预期目的。除了干预汇率的主要目的外，中央银行参与外汇交易，还有转移官方外汇储备的汇率风险或实现外汇储备增值的目的。

（三）中国外汇市场的交易主体及限额管理

市场交易主体分为做市商和会员银行两类。做市商是指在指定货币对中连续不断地进行买/卖双边报价，承担维持市场流动性义务的银行。会员银行是指在市场中进行点击报价、订单报价和询价交易的银行。会员银行交易的金额在 1000 万美元以下的，只需要采用点击报价和订单报价，避免了询价的过程，十分方便快捷。只有交易金额超过 1000 万美元以上的大额交易，才需要与交易对手进行询价，确定交易价格。

中国外汇交易中心会员构成情况如图 2-3 所示。

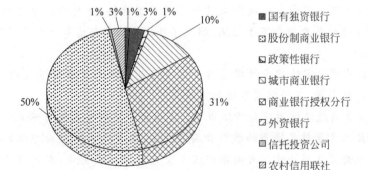

图 2-3 中国外汇交易中心会员构成

　　为提高交易效率,控制风险,外币买卖的交易实行以下限额管理:①最小报价金额,会员银行的最小报价金额为 10 万美元,非美元货币按实时汇率折算成美元。②流动性限额,各做市商在某一价位上可提供的流动性是有限的,相应地,整个市场在某一价位上的流动性也是有限的。交易系统中设置了流动性限额 1000 万美元或等值其他货币,超出流动性限额的交易请求只能进行询价交易。③交易系统对所有做市商和会员银行都设置交易额度。会员银行的交易限额等同于清算限额。

(四) 我国外汇市场的交易币种

　　银行间外汇市场是银行同业之间的外汇交易市场,实行会员管理,参与者包括外汇指定银行、具有交易资格的非银行金融机构和非金融企业。交易中心受中国人民银行和国家外汇管理局委托,为银行间外汇市场提供统一、高效的电子交易系统,该系统提供集中竞价与双边询价两种交易模式,支持人民币对 9 种外币(美元、欧元、日元、港币、英镑、林吉特、俄罗斯卢布、澳大利亚元和加拿大元)的即期,人民币对 7 种外币(美元、欧元、日元、港币、英镑、澳大利亚元和加拿大元)的远期、掉期,人民币对 5 种外币(美元、欧元、日元、港币、英镑)的货币掉期和期权交易,以及 9 组外币对(欧元/美元、澳元/美元、英镑/美元、美元/日元、美元/加元、美元/瑞士法郎、美元/港元、欧元/日元、美元/新加坡元)的即期、远期和掉期交易,还包括交易分析、数据直通处理和即时通信工具等辅助功能。

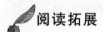 阅读拓展

做市商制度

　　做市商制度是不同于竞价交易方式的一种交易制度,一般为柜台交易市场所采用。做市商是指在金融市场上,由具备一定实力和信誉的经营法人作为特许交易商,不断向公众投资者报出某些特定金融产品的买卖价格,双向报价并在该价位上接受公众投资者的买卖要求,以其自有资金同投资者进行交易。做市商通过这种不断买卖来维持市场的流动性,满足公众投资者的投资需求,做市商通过买卖报价的适当差额来补偿所提供服务的成本费用,并实现一定的利润。

　　外汇做市商与证券市场的做市商一样,其最大功能和作用就是活跃外汇交易,提高外汇市场的流动性。主要有以下三个方面的原因。

　　(1) 外汇做市商不断向市场报出某种外汇的买卖价格,并对外汇市场的其他参与者在自己所报价位上的买卖指令不予拒绝,缩短了外汇市场参与者等待交易的时间成本,使单位交易量增加。

　　(2) 外汇做市商之间的竞争性报价对外汇市场其他参与者具有很大的吸引力,这种参与增加了市场交易量,从而提高市场的流动性。

　　(3) 外汇做市商通过信用交易活跃市场。充当做市商的商业银行不是仅靠其自有资金囤积大量外汇头寸等待其他市场参与者询价交易,而是在不断买卖中保持一定的外汇库存。但有时也会发生因头寸不足而难以满足交易者的购买需求,或因资金不足而难以满足交易者出售需求的情况。因此,成熟的做市商制度必须允许信用交易,这种信用交易机制在某种程度上增加了外汇市场的虚假供求,这自然增加了外汇市场的流动性。

　　由于外汇做市商需用自有资金为卖而买以及为买而卖的方式连接外汇市场的买卖双方,组织市场交易活动,为外汇创造出转手交易的市场,所以做市商又被称为"市场创造者"。

本 章 要 点

　　1. 外汇市场是世界上最大的金融交易市场,是针对不同货币的买卖双方,通过电话、电传、电报以及其他电子交易系统等方式,得以相互买卖,最终成交的场所或者交易网络。

　　2. 外汇市场参与者主要有中央银行、外汇银行、外汇经纪人和外汇交易员、一般客户和外汇投机者等。

　　3. 国际主要外汇市场有伦敦外汇市场、纽约外汇市场、巴黎外汇市场、瑞士外汇市场、东京外汇市场和中国香港外汇市场。

　　4. 与国外成熟的外汇市场相比,中国内地外汇市场还有一定差距。目前国内银行纷纷推出了自己的个人外汇买卖业务。持有效身份证件,拥有完全民事行为能力、具有一定金额外汇或外币的境内居民个人,均可进行个人外汇买卖业务。

本章思考题

　　一、填空题

　　1. 外汇市场是指从事＿＿＿＿的交易场所,或者说是各种不同货币相互之间进行交换的场所。

　　2. 外汇市场操作可以进行＿＿＿＿,交易者可以先买后卖进行多头交易,也可以先卖后买进行空头交易。

　　二、选择题

　　1. 我国个人外汇买卖方式可以通过(　　　)方式进行。

　　　A. 柜台交易　　　　　B. 电话交易　　　　　C. 自助终端交易　　D. 网上交易

　　2. 电话交易需要在(　　)开立交易账户,并通过(　　)进行交易操作。

　　　A. 柜台,柜台　　　　B. 电话,电话　　　　C. 电话,柜台　　　D. 柜台,电话

　　三、简答题

　　1. 简述外汇市场的含义和特点。

　　2. 简述世界主要外汇市场的概况。

　　3. 我国个人外汇买卖操作的方法有哪些?

　　四、案例分析

案例一:外汇交易员的一天

22:00

　　伦敦某银行外汇交易员 A 度过了繁忙的一天,由于预测日元看涨,交易员 A 持有美元对日元的空头头寸 1000 万美元,平均成本为 USD/JPY＝123.50。由于市场汇率变化波幅大,交易员 A 通过国际分支网络发出止损令,止损价位为 125.50。

00:30

交易员 A 接到我国香港分行的电话,美元兑日元汇率突破了 124.50①,交易员 A 没有进一步行动的指示。

01:30

东京分行来电话,美元兑日元汇率突破了 125.00,直逼 125.5 的止损位,但东京外汇交易员认为美元是技术性反弹,美元还是看跌,建议交易员 A 将止损位提高到 126.00②。之后警报解除,一夜无事。

06:30

交易员 A 的便携式路透机显示最新消息,美元利率下调,传闻得到证实,美元对日元汇率急剧下跌到 122.00。于是交易员 A 决定将止损位调低到 122.50,以便保全部利润,并发出在 121.50 获取利润的指令③。

07:30

美元对日元已跌破 121.50,东京分行已执行了交易员 A 的获利指令。交易员 A 以一个良好的赢利为开端开始了新一天的工作。

08:00

欧洲开市,美元跌到 120.45/65,交易员 A 认为美元将会反弹,遂打算建仓,以 50/70 价格报出,结果以 50 点价格买进了 1000 万美元。

08:30

欧洲市场抛盘汹涌,美元跌到 120.00,交易员 A 为降低成本,又在此价位买进了 1000 万美元,此时平均价为 120.25。

11:00—11:30

美元一路下跌,已到 119.25,交易员 A 的 2000 万美元多头寸已被深度套牢,但交易员 A 认为美元在 118.85 上会有一个有力的支撑,遂在 118.00 的价位上又买进 1000 万美元,此时,交易员 A 已持有 3000 万美元,平均价格为 119.50。

13:00

美元反弹到 119.50,交易员 A 决定卖掉 500 万美元,使其头寸降到 2500 万美元,平均价格为 119.50。交易员 A 此时不赔不赚。

14:00—14:30

天大的好消息,日本银行宣布下调贴现率,美元加速反弹到 120.00,交易员 A 又在此价位卖掉 1000 万美元,平均价为 119.17。今天以来,交易员 A 首次实现账面赢利 1245 万日元。

15:00

传闻日本央行已决定对外汇市场进行干预,把美元推高,市场一片混乱。

15:45

美元兑日元汇率涨到 121.35,交易员 A 卖出了最后 1500 万美元,净赚了 3270 万日元。加上昨天晚上的赢利,一整天的交易赚了 5270 万日元,折合美元约 43.43 万美元。真是美妙的一天!

思考：

(1) 请问在①标记处，A 账面损失为多少？

(2) 请问在②标记处，A 账面损失为多少？如果汇率突破新的止损位，交易员 A 账面损失将达到多少？

(3) 请问在③标记处，在新的止损位 122.50 止损，交易员 A 赢利多少？如在 121.5 处执行获利指令，交易员 A 将赢利多少？

案例二：中国外汇市场引进做市商制度

中国 2002 年的银行间外汇市场，在欧元和港币交易中进行了做市商制度的试点。2005 年 5 月，做市商交易制度扩大到 8 种外国货币对的交易中，并有 9 家做市商被指定负责安排上述交易。（首批获得批准的做市商包括 7 家外资银行和 2 家中资银行：汇丰银行、花旗银行、荷兰银行、荷兰商业银行、苏格兰皇家银行、德意志银行、蒙特利尔银行、中国银行和中信实业银行。）

银行间市场引入做市商，意味着央行将从这个最重要的市场上逐步"隐退"，将其控制权拱手让与市场。国家外汇管理局有关负责人表示，正式引入做市商制度是进一步发展银行间外汇市场，完善人民币汇率形成机制的配套举措，有利于活跃外汇市场交易，提高外汇市场流动性，增强中央银行调控的灵活性，进一步提高人民币汇率形成的市场化程度。

做市商制度的建立意味着央行进一步将外汇市场的自主定价权下放给商业银行，在这种情况下，商业银行报出的美元兑人民币的现钞买入价将更加真实地反映市场对人民币的需求。低报价同时也能打击投机套利行为。与有过多行政色彩的央行相比，充当做市商的商业性银行在指定买入卖出价格时，无疑需要多方面考虑其外汇头寸、资金成本等因素，这意味着在人民币兑美元市场上，"市场"将取代"政策"成为汇率定价的主导，甚至是决定性要素。

思考：

(1) 中国外汇市场引进做市商制度的原因是什么？

(2) 引进做市商制度后将对中国外汇市场起到哪些作用？

即期外汇交易

1. 了解银行间以及银行与客户间即期外汇买卖的程序；
2. 懂得个人实盘外汇买卖的交易步骤和交易方式；
3. 掌握利用即期外汇买卖进行外汇保值和投机的操作。

技能目标

1. 能够运用柜台、电话和网络等交易形式进行即期外汇交易；
2. 能够进行即期汇率的计算。

学习导航

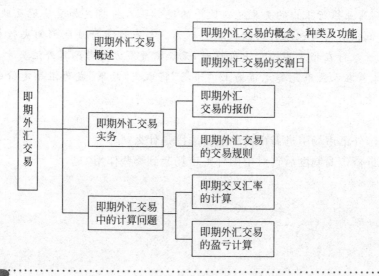

课前导读

　　小张是一家大型跨国贸易公司的财务部经理,每天为公司业务忙得焦头烂额。一天下午,小张正在看上个月的会计报表,突然桌上的电话铃响了,原来是上海分公司财务经办李小姐。"张经理,进口欧洲的那批设备下个月到港,后天就要给外商支付首付款560万欧元,但现在咱们账户上只有120万欧元,美元倒是有3000万的富余,怎么办?"小张不假思索地说:"这好办啊,找中国银行做即期外汇交易不就行了?"

　　按照小张的指点,李小姐找到中国银行上海分行资金业务经理小王,以当天市场价格欧元/美元＝1.3222 的价格买到了需要的欧元,顺利完成了对外支付。

即期外汇交易是国际外汇市场上最常见、最普遍的交易形式,学习外汇交易业务,应从即期外汇交易入手。

第一节　即期外汇交易概述

一、即期外汇交易的概念、种类及功能

(一)即期外汇交易的概念

即期外汇交易(Spot Transaction)又称现汇交易,是指买卖双方按照外汇市场上的即时价格成交后,在两个营业日内办理交割的外汇交易。即期外汇买卖的汇率称为即期汇率。

即期外汇交易可发生于银行之间,也可发生于银行与客户之间。它在外汇市场各类交易中居于首位,是外汇交易中最基本的交易。

例如,某公司需要在星期三归还美元贷款 100 万,而该公司持有日元。它可以在星期一按 1 美元＝110.00 日元的即期汇率向中国银行购入美元 100 万,同时出售日元。星期三,该公司通过转账将 11000 万日元交付给中国银行,同时中国银行将 100 万美元交付给该公司,该公司便可用美元归还贷款。

(二)即期外汇交易的种类

从交易主体来分,即期外汇交易可分为个人企业的柜台业务和银行间的交易;从币种来分可分为本币与外币的交易以及外币与外币的交易。下面从交易主体的角度进行简单介绍。

1.柜台业务

柜台业务主要包括:

(1)货币兑换,即客户与银行间的货币兑换。

(2)汇出入汇款,指无外币委托汇款。

(3)出口收汇与进口付汇,即汇款方式在国际贸易上的应用。

2.银行间的交易

银行间的交易通过专门的交易机进行,一般是由银行内部的资金部门或外汇交易室通过路透社交易机(路透社终端)或德励财经交易系统来完成。

以路透机交易为例,交易员首先通过交易机的键盘输入对方银行四个英文字母代号,呼叫该银行,待叫通后,荧屏上即开始显示双方对话内容。

【例 3-1】

某日中国银行广东省分行外汇资金部与中国香港中银集团外汇中心的一笔通过路透社终端进行的 USD/JPY 外汇交易的对话实例,反映了整个即期交易过程。

BCGD：GTCX SPJPY2 PLS

［解释：SPJPY 为即期日元；2 为 2 手；PLS 为 please。］

GTCX：106.16/26

［解释：买入价 JPY/USD 106.16；卖出价 JPY/USD 1.7040。］

BCGD：YOURS

［解释：卖给你（表示卖出），用美元换日元。］

GTCX：OK DONE CFM AT 1.7035

［解释：CFM 为 confirm，表示确认；AT 为在 1.7035 的价格。］

WE BUY USD 2MIO AG JPY

［解释：我按此比价买 200 万美元；AG(against) 为比价。］

VAL 25 JUNE,2008

［解释：起息日为 2008 年 6 月 25 日；VAL(value) 为起息日。］

OUR USD PLS TO A BANK AC NO. XXX

［解释：请将美元打到我们在 A 银行的账户，账号为 XXX；AC(Account) 为账户。］

TKS FOR THE DEAL N BI

［解释：TKS 为谢谢；DEAL 为交易；N 为 and；BI 为再见。］

BCGD：AL AGREED MY JPY PLS TO B BANK AC NO. YYY

［解释：都按你的意思，请将日元打到我在 B 银行的账户，账号为 YYY；AL 为 all。］

TKS N BIBI FRD

［解释：FRD 为 friend。］

注：GTCX 为香港中银外汇中心在路透社交易系统的交易代码。BCGD 为中国银行广东分行在路透社交易系统的交易代码。另外，MINE 为表示买进；MIO 为 million。

其交易程序为：询价→报价→成交→证实，其中报价环节是最重要的（这些内容将在下一节介绍）。

（三）即期外汇交易的功能

即期外汇交易占外汇市场业务量的一半以上，特别是在浮动汇率情况下，进出口商为了防范汇率变动风险和加速资金的周转，外汇银行为了及时平衡外汇头寸，都大量进行即期外汇交易。概括起来，即期外汇交易的功能主要有以下几点。

（1）满足客户临时性的支付需要。通过即期外汇买卖业务，客户可将手上的一种外币即时兑换成另一种外币，用以应付进出口贸易、投资、海外工程承包等的外汇结算或归还外汇贷款。

（2）帮助客户调整手中外币的币种结构。例如，某公司遵循"不要把所有的鸡蛋放在同一个篮子里"的原则，通过即期外汇买卖，将其全部外汇的 15% 由美元调整为欧元，10% 调整为日元，通过此种组合可以分散外汇风险。

（3）是外汇投机的重要工具。这种投机行为既有可能带来丰厚利润，也可能造成巨额亏损。

二、即期外汇交易的交割日

交割(Delivery or Settlement)是指买卖双方履行合约、进行钱货两清的行为。进行交割的当天称为交割日,也称结算日、起息日(Value Date/Delivery Date)。

即期交易的交割日,因交易市场和交易币种的不同分为三种类型。

(1) T+0,即当日交割(Value Today),是指在成交当日交割。

(2) T+1,即隔日交割(Value Tomorrow),是指在成交后第一个营业日交割。

(3) T+2,即标准交割日(Value Spot),又称即期交割,是指成交后第二个营业日交割。国际外汇市场上,除特别声明外,一般采取 T+2 交割模式,这是惯例,主要是适应全球外汇市场的 24 小时运作与时差问题。

营业日是指在实际进行交割的双方国家内银行都营业的日子,如果遇到某一国的银行假日,则交割日要顺延,但对于美元对其他货币的交易,按照国际惯例,如遇到美国银行假日,则交割日不必顺延。

【例 3-2】

东京甲银行和伦敦乙银行在星期一达成一笔英镑对日元的即期交易,问交割日应该是哪一天?

	东京	伦敦	
星期一	营业日	营业日	交易日
星期二	营业日	营业日	
星期三	营业日	营业日	交割日

> **想一想**　以上交易如果遇上节假日怎么办?

	东京	伦敦	
星期一	营业日	营业日	交易日
星期二	营业日	假日	
星期三	营业日	营业日	
星期四	营业日	营业日	交割日

【例 3-3】

东京甲银行和纽约乙银行在星期一达成一笔美元对日元的即期交易,若周二是美国银行假日,问交割日应该是哪一天?

	东京	纽约	
星期一	营业日	营业日	交易日
星期二	营业日	假日	
星期三	营业日	营业日	交割日
星期四	营业日	营业日	

> **想一想**　以上交易中,若周三是日本银行假日,问交割日应该是哪一天?

	东京	纽约	
星期一	营业日	营业日	交易日
星期二	营业日	营业日	
星期三	假日	营业日	
星期四	营业日	营业日	交割日

第二节　即期外汇交易实务

一、即期外汇交易的报价

(一)报价依据

在即期外汇市场上,任何一家外汇银行报出的买卖价格,都是客户可以自由买卖的价格,外汇银行要对其报出的价格承担责任。因此,外汇银行的交易员在接到客户询价后决定如何报价时,一般要考虑多方面的因素,作为报价依据。

(1)市场行情。市场行情是银行报价时的决定因素,主要包括市场价格和市场情绪。前者指市场上一笔交易的成交价格,或者市场上核心成员的买价或卖价;后者指汇价的升跌趋势,这主要依赖于报价人的直觉判断,一般在行情趋升时,报价偏高,反之则偏低。

(2)报价行现时的外汇头寸。报价行在接到客户询价时,若持有所询货币多头且金额较大,则报价偏低;反之,则提高报价,以吸引询价者抛售。

(3)国际经济、政治及军事最新动态。报价行所在国家及西方主要国家(如美国、英国、德国、日本等)的繁荣与衰退、财政盈余与赤字、国际收支的顺差与逆差、政治军事的动荡与稳定等,均会引起外汇行市的动荡不安。报价行需要时刻注意并以此调节本行的报价。

(4)询价者的交易意图。外汇交易员凭经验对询价者的意图进行判断,借此调整报价。若判断对方意欲卖出某种货币,则会稍稍压低报价;反之则会抬高一点。但这种估计和判断不一定完全准确。

(二)报价惯例

当客户向银行询价时,银行应立即向其报出该外汇的即期汇率,作为成交的基础。为了保证外汇交易的正常运行,各地外汇市场逐渐形成了一些约定俗成的惯例。

1. 统一报价

除有特别说明外,外汇市场上交易的货币,均以美元为报价标准。例如,向银行询问日元和港元的价格时,银行报出的是美元兑日元和美元兑港元的价格。要想知道日元兑港元的价格,还要进行套算。

2. 报价简洁

在实际操作中,为了节省时间,外汇交易员只报汇价的最后两位数。例如,某日客户询问英镑兑美元的汇率时,银行在即期汇率 1.9719/1.9729 的基础上,只报出 19/29。

3. 双向报价

银行同时报出买入价和卖出价,二者的差额称为差价,也叫"点差"。

在直接标价法下,前面较小的数字是外币的买入价,后面较大的数字是外币的卖出价;在间接标价法下,前面较小的数字是外币的卖出价,后面较大的数字是外币的买入价。

4. 数额限制

交易额通常以 100 万美元为单位,即通常所说的一手为 100 万美元,交易额为 100 万美元的整数倍,如 Five Dollar 表示 500 万美元。

5. 交易术语规范化

迅速变化着的汇率,要求交易双方以最短的时间达成一项交易。因此,交易员为节省时间,通常采用简洁明了的规范化语言即行话,做到省时省事。

二、即期外汇交易的交易规则

(一)常用的交易术语

BUY	买进
TAKE	买进
BID	买进
MINE	我方买进
CIVE	卖出
SELL	卖出
OFFER	卖出
YOURS	我方卖出
MARKET MEKER	报价行
I SELL YOU FIVE USD	我卖给你 500 万美元
VALUE	起息日
ODD DATE	不规则起息日
BROKEN DATE	不规则起息日
DEALING PRICE	交易汇价
INDICATION RATE	参考汇价

【例 3-4】

ABC:CHF5

XYZ:1.5320/30

ABC:20 Done

My CHF to Zurich A/C

XYZ:OK Done

CHF at 1.5320 We Buy USD5 Mio AG CHF Val May 10 USD to XYZ NY YKS for Calling N Deal BIBI

ABC：YKS for Price BIBI

上述术语解释如下。

ABC：500万美元兑换瑞士法郎的价格是多少？

XYZ：USD/CHF＝1.5320/30

ABC：以1.5320的价格卖出500万美元，将瑞士法郎汇入我的苏黎世银行账户上。

XYZ：同意成交，以1.5320的价格买入500万美元，交割日为5月10日，并将美元汇入纽约XYZ银行，谢谢你的询价并交易。

ABC：谢谢你的报价。

（二）银行同业间即期外汇交易程序

1. 自报家门

询价方必须先说明自己的名称，以便让报价行知道交易对手是谁，并决定其交易对策。

2. 询价

一般包括交易货币的价格、金额、交割期限等。例如，询价方：What is your spot USD JPY, pls?

3. 报价

交易员在接到某种货币的询价后，立即报出该货币的买入价和卖出价，这是外汇买卖成交的基础。例如，报价方：20/30。

4. 成交

询价方在报价方报出汇价后，应立即做出反应，或者成交，或者放弃，而不应该与报价方讨价还价。一旦报价行交易员说："成交了(OK, done.)，"合同即告成立，双方就要受合同的约束。

5. 证实

交易双方就交易内容（包括买卖方向、交易汇率、交易金额、交割日、收付账户等）进行重复确认，以防止错漏和误解。

交易结束后，若发现原内容有错误或遗漏，交易员应尽快与交易对手重新证实，其内容必须得到交易双方的同意方可生效。

6. 交割

双方按照对方的要求将卖出的货币及时准确地汇入对方指定银行的账户中。这是买卖双方结算各自款项，了结债权债务关系的行为。

（三）即期外汇交易实例

【例3-5】

询价方：What's your spot USD JPY, pls?

报价方：104.20/30

（也可以写作20/30或104.20/104.30。）

询价方：Yours USD1 或 Sell USD1.

或者：Mine USD1 或 Buy USD1.

报价方：OK，done.

上述术语解释如下。

询价方：请问即期美元兑日元报什么价？

报价方：USD/JPY＝104.20/30。

询价方：我卖给你 100 万美元。（或者我买进 100 万美元。）

报价方：好，成交。

【例 3-6】

ABC：HKD/JPY 3HKD

XYZ：14.750/70

ABC：My Risk

ABC：NOW PLS

XYZ：14.755 Choice

ABC：Sell HKD 3 PLS to ABC Tokyo A/C

XYZ：OK Done、JPY at 14.755 We Buy HKD 3 Mio AG JPY Val May 10 HKD to Hong Kong A/C、TKS for Deal

ABC：TKS for Price

上述术语解释如下。

ABC：请问港元与日元的套算汇率？金额为 300 万港元

XYZ：HKD/JPY＝14.750/70

ABC：我不满意（ABC 可能再次向 XYZ 询价）

ABC：（再次询价）

XYZ：以 14.755 的价格任 ABC 选择买与卖（当报价行报出 Choice 时一定做交易，ABC 不好以此做借口而不做交易）

ABC：卖出 300 万港币，日元汇入我在东京的银行账户上。

XYZ：成交，以 14.755 的价格买入 300 万港币，卖出日元，交割日为 5 月 10 日，港元汇入我在香港的银行账户上，谢谢交易。

ABC：谢谢报价。

第三节 即期外汇交易中的计算问题

一、即期交叉汇率的计算

（一）在两组汇率中，若基准货币相同，报价货币不同，求报价货币的比价，则交叉相除

【例 3-7】

已知：USD/CNY＝8.2760/80(1)

　　　USD/HKD＝7.7860/80(2)

求：HKD/CNY(或 CNY/HKD)

解：根据计算法则"交叉相除"，即

$$8.2760 \diagdown 8.2780$$
$$7.7860 \diagup 7.7880$$

则 HKD/CNY＝(1)/(2)

$$=(8.2760÷7.7880)/(8.2780÷7.7860)$$

$$=1.0627/31$$

分析：

第一步，求 HKD 对 CNY 的买入价。相当于银行卖出 USD，买入 HKD；同时买入等量 USD，卖出 CNY。

银行卖出 USD，买入 HKD 的价格为 USD1＝HKD7.7880

银行买入等量 USD，卖出 CNY 的价格为 USD1＝CNY8.2760

则 CNY8.2760＝HKD7.7880

即 HKD1＝CNY1.0627

(1.0627＝8.2760÷7.7880)

第二步，HKD 对 CNY 的卖出价。相当于银行买入 USD 卖出 HKD；同时卖出等量 USD，买入 CNY。

银行买入 USD 卖出 HKD 的价格为 USD1＝HKD7.7860

银行卖出等量 USD，买入 CNY 的价格为 USD1＝CNY8.2780

则 HKD7.7860＝CNY8.2780

即 HKD1＝CNY1.0631

(1.0631＝8.2780÷7.7860)

第三步，得出结果：HKD/CNY＝1.0627/1.0631

（二）在两组汇率中，若报价货币相同，基准货币不同，求基准货币的比价，则交叉相除

【例 3-8】

已知：EUR/USD＝1.1020/40(1)

AUD/USD＝0.6240/60(2)

求：EUR/AUD(或 AUD/EUR)

解：由于分析原理同上，故分析过程略。

根据计算法则"交叉相除"，即

$$1.1020 \diagdown 1.1040$$
$$0.6240 \diagup 0.6260$$

则 EUR/AUD＝(1)/(2)

(1.1020÷0.6260)/(1.1040÷0.6240)

＝1.7604/92

（三）在两组汇率中，若某种货币分别为基准货币和标价货币，求另一基准货币和标价
货币的比价，则同边相乘

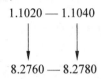【例3-9】

已知：EUR/USD＝1.1020/40   (1)

USD/CNY＝8.2760/80   (2)

求：EUR/CNY（或CNY/EUR）

解：根据计算法则"同边相乘"，即

$$1.1020 \longrightarrow 1.1040$$

$$8.2760 \longrightarrow 8.2780$$

则 EUR/CNY ＝(1)×(2)

＝(1.1020×8.2760)/(1.1040×8.2780)

＝9.1202/9.1389

二、即期外汇交易的盈亏计算

（一）掌握几个术语

买入量＞卖出量：超买、多头寸、多头。

卖出量＞买入量：超卖、缺头寸、空头。

（二）计算过程

计算过程参见例3-10。

【例3-10】

假设某日某客户做了以下几笔美元对日元的交易：

买入美元100万，汇率为100.00

买入美元200万，汇率为100.10

卖出美元200万，汇率为98.80

卖出美元100万，汇率为99.90

买入美元100万，汇率为99.60

收盘汇率为99.20/30。该客户在收盘时的头寸见表3-1。

表3-1 收盘时的头寸情况   单位：10000元

美　元		汇率	日　元	
买　入	卖　出		买　入	卖　出
100	—	100.00	—	10000
200	—	100.10	—	20020
—	200	98.80	19760	—

续表

美　元		汇　率	日　元	
买　入	卖　出		买　入	卖　出
—	100	99.90	9990	—
100	—	99.60	—	9960
当日累计 400	当日累计 300	收盘汇率 99.20/30	当日累计 29750	当日累计 39980
多头寸 100			缺头寸 10230	

分析：从表 3-1 可以看出,当日该客户的头寸状况为美元多头寸 100 万,日元缺头寸 1.0230 亿。

(1) 若把超买的 100 万美元换成日元,则为 $100 \times 99.20 = 9920$ 万(日元)

以日元计算,则亏损 310 万日元(10230 万－9920 万)

(2) 若把超卖日元补进则需要：$10230 \div 99.20 = 103.125$ 万(美元)

以美元计算,则亏损 3.125 万美元(100 万－103.125 万)

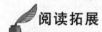 阅读拓展

外汇头寸

外汇头寸是指外汇银行买卖外汇所持有的各种外币账户的余额状况。一般来讲,外汇头寸的状况是保持不变的。但银行在经营过程中不可避免地会出现买卖不平衡的状况。如果银行买入某种外币的数额超过卖出的数额,则称为该种货币的"多头"或超买;如果某种外币卖出超过买进,则称为该种货币的"空头"或超卖。买卖持平而不增不减则为"轧平"。若把各种外币各种期限的头寸汇总计算净余额,则称为"总头寸"。银行为外汇"多头"或"空头"都要承担汇率变动的风险,为了稳妥经营,银行一般遵循买卖平衡原则。若出现"多头",就需要将多余的部分卖出;若出现"空头",就需要买进短缺部分,以"轧平"头寸。这种掩护性的外汇买卖称为抛补。若对"多头"和"空头"不加以掩护,任其承受汇率风险,则称为敞口头寸或"风险头寸"。

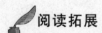 阅读拓展

国内银行的即期外汇交易

这里以中国银行为例,介绍国内银行的即期外汇交易情况。

1. 程序

要求有进出口贸易合同,在中国银行开证并在中国银行开立相应的外币账户,账户中有足够支付的金额。携带以银行为收款人的转账支票,直接将卖出货币转入银行。

外汇买卖金额不得低于 5 万美元。低于 5 万美元的交易则按当天中国银行外汇牌价进行买卖。

按要求填写保值外汇买卖申请书,由企业法人代表或有权签字人签字并加盖企业公章,向银行咨询交易。

2. 注意事项

外汇买卖价格由银行参照国际市场价格确定，客户一旦接受银行报价，交易便成立，客户不得要求更改或取消该交易，否则由此产生的损失及费用由客户承担。

客户在填制"保值外汇买卖申请书"时，须向银行预留买入货币的交割账号，交易达成后，银行在交割日当天把客户买入的货币划入上述指定的账户。

客户可通过电话或预留交易指令的方式在银行办理即期外汇买卖。客户申请通过电话交易，须向银行提交由企业法人代表签字并加盖公章的委托交易授权书，指定被授权人可通过电话方式与银行做即期外汇买卖交易，同时，被授权人必须在银行预留电话交易密码。通过电话交易后第二个工作日，客户还需向银行补交成交确认书，若对已达成的交易有争议，以银行的交易电话录音为准。

3. 即期外汇买卖业务流程

即期外汇买卖业务流程参见图 3-1。

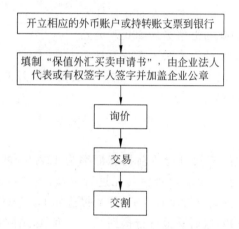

图 3-1 即期外汇买卖业务流程

本 章 要 点

1. 即期外汇交易概述，包括即期外汇交易的概念以及即期外汇交易交割日的推算。
2. 即期外汇交易实务，包括即期外汇交易的报价和即期外汇交易的交易规则。
3. 即期外汇交易中的计算，包括即期交叉汇率的计算以及即期外汇交易盈亏的计算。

本章思考题

一、填空题

1. 即期外汇交易又称_____，是指外汇买卖双方成交后在_____内进行交割的外汇交易方式。

2. 市场上 GBP/USD 为 1.9430/40,游客 A 买入美元的价格是_____,卖出美元的价格是_____。

二、选择题

1. 以下各项属于即期外汇交易的交割日的是( )。

  A. 成交的当日   B. 成交后的第一天

  C. 成交后的第二天   D. 成交后的第 1 个营业日

  E. 成交后的第 2 个营业日

2. 若今天是 6 月 23 日星期四,那么 T+2 即期交易日期是( )。

  A. 6 月 23 日   B. 6 月 24 日   C. 6 月 25 日   D. 6 月 27 日

3. 报价行对询价行 USD/JPY 的即期报价是 129.90/00,询价行说:"I take 5",意思是( )。

  A. 询价行以 129.90 的汇率买入 500 万美元

  B. 询价行以 129.90 的汇率买入 500 万日元

  C. 询价行以 130.00 的汇率买入 500 万美元

  D. 询价行以 130.00 的汇率买入 500 万日元

4. 如果你分别以 1.4512、1.4530、1.4522 的汇率卖出 200 万美元、800 万美元和 300 万美元,你的头寸的平均汇率是( )。

  A. 1.4530   B. 1.4521   C. 1.5008   D. 1.4525

三、分析题

1. 现在市场相对平静,某报价行目前拥有汇率为 127.00 的 1000 万美元的空头头寸,且从纽约获得以下消息:"美联储将对美元进行干预,使之更加坚挺。买入美元的数额估计将会很大。"市场上其他交易商的 USD/JPY 报价如下:①127.91/01;②127.92/02;③127.03/08;④129.89/99,这时该报价行接到了一个询价,请问该报价行将参考上述哪组报价回复询价? 并做具体分析。

2. 市场消息显示:英国上月贸易赤字为 23 亿英镑,而不是市场预测的 5 亿英镑。某报价行现在的头寸是多空持平,同时接到一个即期 GBP/USD 询价,市场上其他交易商的报价是:①1.9505/15;②1.9507/17;③1.9500/10;④1.9502/12;⑤1.9503/13;⑥1.9506/16,请问该报价行将参考上述哪组报价回复询价? 并做具体分析。

四、实训题

技能训练一:计算交叉汇率。

1. 已知 USD/HKD=7.7945/80;USD/JPY=141.75/80,求 HKD/JPY。

2. 已知 AUD/USD=0.7317/25;USD/HKD=7.8075/80,求 AUD/HKD。

3. 已知 GBP/USD=1.9472/79;EUR/USD=1.2153/60,求 GBP/EUR。

技能训练二:即期外汇交易的盈亏计算。

假设某日某客户 A 做了以下几笔英镑对美元的交易。

买入英镑 500 万,汇率为 1.9719

买入英镑 200 万,汇率为 1.9725

卖出英镑 600 万,汇率为 1.9730

卖出英镑 300 万,汇率为 1.9715

买入英镑 400 万,汇率为 1.9728

若收盘汇率为 GBP/USD＝1.9730/35,试计算:

1. 该客户当日账户上的头寸数额。

2. 分别以美元和英镑计算该客户当日亏损情况。

第四章

远期外汇交易

1. 了解我国远期外汇交易的状况;
2. 懂得远期外汇交易的含义;
3. 掌握远期外汇交易如何运用。

1. 学会远期汇率及远期交叉汇率的计算方法;
2. 能够进行远期外汇交易保值的操作。

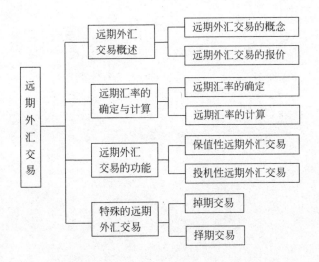

某日本进口商从美国进口一批商品,按合同规定日进口商 3 个月后需向美国出口商支付 100 万美元货款。签约时,美元兑日元的即期汇率为 118.20/50,付款日的市场即期汇率为 120.10/30。假定日本进口商在签约时未采取任何保值措施,而是等到付款日时在即期市场上买入美元支付货款,那么这会给日本进口商带来多少损失? 为什么?

分析:若日本进口商在签约时未采取任何保值措施,而是等到付款日时在即期市场买入美元支付货款,则要付出 12030 万日元(120.30×100 万),这要比 3 个月前购买 100 万美元[118.50×100 万＝11850 万(日元)]多付出 180 万日元(12030 万－11850 万)。原因是计价货币美元升值,日本进口商需付出更多的日元才能买到 100 万美元,用以支付进口货款,由此增加进口成本而遭受了汇率变动的损失。

那么外汇市场上有没有交易手段可使日本进口商能够预先锁定进口成本,避免因汇率变动而遭受损失? 本节将要介绍的远期外汇交易就是日本进口商可以采取的一种保值手段。

第一节 远期外汇交易概述

一、远期外汇交易的概念

(一) 远期外汇交易的概念和期限范围

远期外汇交易(Forward Exchange Transaction)又称期汇交易,是指买卖双方先行签订合同,规定买卖外汇的币种、数额、汇率和将来交割的时间,到规定的交割日,按合同规定,卖方交汇、买方收汇的外汇交易。

从期限范围来划分,远期交易最短 3 天,最长可达 5 年,但最常见的是 1、2、3、6 等整数月的远期外汇交易,超过 1 年的叫作超远期外汇交易。

(二) 远期外汇交易的交割日

1. 固定交割日

固定文割日即标准期限的远期交割日(Standard Forward Dates),在即期交割日(Spot Date)的基础上推算整数日。

标准期限的远期外汇交割日的决定法则如下。

法则一:在对应即期交易交割日的基础上向后推算。

法则二:假日顺延。

法则三:如即期交割日是月份的最后营业日,则远期交割日是到期月的最后一日,非营业日则前推。

📖【例 4-1】

3 月 15 日	买入 1 个月期的远期外汇	
3 月 16 日		
3 月 17 日	即期交易的	远期交易
	交割日	的交割日为 4 月 17 日

想一想 如果 4 月 17 日是相关国家假日,则远期交割日应是哪一天?

📖【例 4-2】

	对应的	对应的 1 月期
外汇买入日	即期外汇交割日	远期外汇交割日

5月29日	5月29日	6月29日
	5月30日	6月30日
	5月31日	

想一想　如果6月30日是假日,则1月期远期外汇的交割日为哪一天?

注意:月底往前推,不能跨月。

2. 非固定交割日

非固定交割日即在约定的期限内任意选择一个营业日作为交割日,即择期外汇交易。择期外汇交易可分为两种。

(1) 部分择期,是指确定交割月份但未确定交割日。例如,一笔3个月远期交易,可以约定从成交后第2个月开始到第3个月选择交割日。

(2) 完全择期,即客户可以选择双方成交日的第三天起到合约到期之前的任何一天为交割日。

【例4-3】

5月20日,A公司与B银行达成一笔3个月的择期外汇交易,约定8月份进行交割,思考:以下两种情况分别属于哪种择期交易?

①A公司可以在8月1—22日的任一个营业日内向B银行提出交割。②A公司可以选择从5月23日—8月22日这一段时间的任一个营业日向B银行提出交割。

分析:根据定义可以判断出:①为部分择期;②为完全择期。

二、远期外汇交易的报价

在实际外汇交易中,银行对于远期汇率也采取双向报价法,根据国际惯例,通常有两种远期汇率的报价方法:完整汇率报价方法和远期差价报价方法。

(一)完整汇率报价方法

完整汇率(Outright Rate)报价方法是指银行直接将各种不同期限的外汇汇率的买入价和卖出价完整地表示出来,又称全额报价。例如,日本银行报出某日 USD 与 JPY 的3个月远期汇率为:USD/JPY ＝120.40/121.10;瑞士银行报出某日 USD 与 CHF 的3个月远期汇率为:USD/CHF＝1.5350/1.5380。以上报价均为完整汇率报价。中国银行人民币远期外汇牌价见表4-1。

表 4-1　中国银行人民币远期外汇牌价(2014-01-10)

项　　目		美元	欧元	日元	港元	英镑	瑞士法郎	澳元	加元
7天	买入	603.44	819.40	5.7405	77.70	993.07	664.30	535.24	555.42
	卖出	607.33	827.98	5.8063	78.44	1001.97	670.51	541.43	560.76
1个月	买入	603.73	819.87	5.7453	77.74	993.36	664.62	534.57	555.29
	卖出	607.89	828.63	5.8109	78.51	1002.75	671.36	541.20	561.04
3个月	买入	604.48	820.91	5.7535	77.86	994.24	665.77	533.13	555.21
	卖出	608.62	829.53	5.8200	78.61	1003.45	672.44	539.72	560.87

项	目	美元	欧元	日元	港元	英镑	瑞士法郎	澳元	加元
6个月	买入	605.16	822.23	5.7664	78.00	995.15	667.39	530.77	554.89
	卖出	609.80	830.74	5.8316	78.73	1004.25	673.98	537.21	560.44
9个月	买入	605.75	823.43	5.7794	78.11	995.71	668.96	528.16	554.38
	卖出	610.89	832.05	5.8443	78.85	1004.95	675.70	534.72	560.01
12个月	买入	606.10	824.36	5.7912	78.18	995.73	670.38	525.29	553.77
	卖出	611.54	832.98	5.8558	78.92	1004.96	677.18	531.81	559.39
汇利宝	买入	604.93	822.78	—	78.02	—	—	—	—
	卖出	605.73	824.46	—	78.12	—	—	—	—

资料来源：中国银行网站.

这种完整汇率的报价方法通常用于银行对客户的报价中，在银行同业间往往采用另一种方法，即远期差价报价方法。

（二）远期差价报价方法

远期差价报价方法又称掉期率（Swap Rate）或点数汇率（Points Rate）报价方法，是指不直接公布远期汇率，而只报出远期汇率与即期汇率的差价，然后再根据差价来计算远期汇率。

某一时点上远期汇率与即期汇率的差价称为掉期率或远期差价，通常表现为升水、贴水和平价，且升贴水的幅度一般用点数来表示。

（1）升水（At Premium）：远期汇率＞即期汇率。

（2）贴水（At Discount）：远期汇率＜即期汇率。

（3）平价（At Par）：远期汇率＝即期汇率。

> **想一想** 在纽约外汇市场上欧元兑美元的即期汇率为 EUR1＝USD1.0520/25，1个月远期汇率为：EUR1＝USD1.0530/40，问：哪种货币贴水？哪种货币升水？

【例4-4】

假设 USD/JPY 的3个月远期汇率报价为 20/30；USD/CHF 的3个月远期汇率报价为 25/15。

分析：该报价为差价报价，其中 20/30 代表远期汇率与即期汇率的买入价相差 20 个点，卖出价相差 30 个点；25/15 代表远期汇率与即期汇率的买入价与卖出价分别相差 25 个点和 15 个点。

第二节 远期汇率的确定与计算

一、远期汇率的确定

【例4-5】

假设美元和日元3个月期的存款利率分别为 15% 和 10%，即期汇率为 USD1＝

JPY110.20。若美国一客户向银行用美元购买 3 个月远期日元,问:远期汇率是多少?

1. 分析

银行按即期汇率用美元买入日元,将日元存放于银行以备 3 个月后交割。

> **想一想**　这对于银行是损失还是收益?为什么?如何处理?

银行持有日元 3 个月意味着银行要放弃美元的高利息而收取日元的低利息。银行绝不会自己承担这部分损失,它会把这个因素打入远期日元的汇价,从而将损失转嫁到客户头上。因此远期日元要比即期日元贵,即远期日元升水。

2. 总结

两种货币的利差是决定其远期汇率的基础。即

(1)利率低的货币,远期汇率升水。

(2)利率高的货币,远期汇率贴水。

(3)若利差为零,则为平价。

3. 计算公式

$$远期差价＝即期汇率×利差×月数÷12$$

4. 解题

第一步,求远期差价。

$$110.20×(15\%－10\%)×3÷12＝1.38(日元)$$

第二步,判断升、贴水。

日元利率低,则远期升水。

美元利率高,则远期贴水。

第三步,求远期汇率。

$$USD1＝JPY(110.20－1.38)＝JPY108.82$$

二、远期汇率的计算

(一)计算完整的远期汇率

在远期差价报价方法下,已知即期汇率和远期差价,如何计算完整的远期汇率?为了计算简便,不管直接标价法还是间接标价法,均可使用如下法则进行计算,即"前小后大相加,前大后小相减"。

所谓"前小后大相加",是指当点数由小到大(如 20/30 时),远期汇率等于即期汇率加上点数;所谓"前大后小相减",是指当点数由大到小(如 40/30 时),远期汇率等于即期汇率减去点数。

【例 4-6】

已知:即期汇率 USD/HKD＝7.7440/50,1 个月远期报价为 20/30。

求:USD/HKD 完整的远期汇率。

分析:

因为 20＜30,根据法则"前小后大相加",应该用加法,所以

　　USD/HKD(远期)＝(7.7440＋0.0020)/(7.7450＋0.0030)＝7.7460/80

【例 4-7】

已知:即期汇率 GBP1＝USD1.6560/80,3 个月远期报价为 40/30。

求:GBP/USD 完整的远期汇率。

分析:因为 40＞30,根据法则"前大后小相减",应该用减法,所以

　　GBP/USD(远期)＝(1.6560－0.0040)/(1.6580－0.0030)＝1.5620/50

(二) 远期交叉汇率的计算

远期交叉汇率的计算与即期交叉汇率的计算方式相似,可分两步做:第一步,根据即期汇率和远期差价求完整的远期汇率;第二步,仿照即期交叉汇率的计算方法求远期交叉汇率。

【例 4-8】

某外汇市场报价如下:USD/CHF 的即期汇率为 1.5750/60,3 个月远期差价为 152/155;USD/JPY 的即期汇率为 127.20/30,3 个月远期差价为 15/17,求 CHF/JPY 的 3 个月远期汇率。

分析:

第一步,分别计算 USD/CHF 和 USD/JPY 的 3 个月远期汇率。

USD/JPY 的 3 个月远期汇率:(127.20＋0.15)/(127.30＋0.17)＝127.35/127.47

USD/CHF 的 3 个月远期汇率:(1.5750＋0.0152)/(1.5760＋0.0155)＝1.5902/1.5915。

第二步,计算 CHF/JPY 的 3 个月远期交叉汇率。

根据"若基准货币相同,报价货币不同,求报价货币的比价,方法是交叉相除"的法则,

3 个月 USD/JPY ＝ 127.35—127.47

3 个月 USD/CHF ＝ 1.5902—1.5915

则 3 个月 CHF/JPY ＝(127.35÷1.5915)/(127.47÷1.5902)

　　　　　　　　＝80.0189/80.1597

【例 4-9】

某外汇市场报价如下:GBP/USD 的即期汇率为 1.5630/40,6 个月远期差价为 318/315;AUD/USD 的即期汇率为 0.6870/80,6 个月远期差价为 157/154,求 GBP/AUD 的 6 个月远期汇率。

分析:

第一步,分别计算 GBP/USD 和 AUD/USD 的 6 个月远期汇率。

GBP/USD 的 6 个月远期汇率：$(1.5630-0.0318)/(1.5640-0.0315)=1.5312/1.5325$

AUD/USD 的 6 个月远期汇率：$(0.6870-0.0157)/(0.6880-0.0154)=0.6713/0.6726$

第二步，计算 GBP/AUD 的 6 个月远期交叉汇率。

根据"若报价货币相同，基准货币不同，求报价货币的比价，方法是交叉相除"的法则，

6 个月 GBP/USD = 1.5312—1.5325

6 个月 USD/JPY = 0.6713—0.6726

则 6 个月 GBP/AUD = $(1.5312 \div 0.6726)/(1.5325 \div 0.6713)$

　　　　　　　　 $= 2.2765/2.2829$

【例 4-10】

某外汇市场报价如下：USD/JPY 的即期汇率为 107.50/60，3 个月远期差价为 10/88；GBP/USD 的即期汇率为 1.5460/70，3 个月远期差价为 161/158，求 GBP/JPY 的 3 个月远期汇率。

分析：

第一步，分别计算 USD/JPY 和 GBP/USD 的 3 个月远期汇率。

USD/JPY 的 3 个月远期汇率：$(107.50+0.10)/(107.60+0.88)=107.60/108.48$

GBP/USD 的 3 个月远期汇率：$(1.5460-0.0161)/(1.5470-0.0158)=1.5299/1.5312$

第二步，计算 GBP/JPY 的 3 个月远期交叉汇率。

根据"某种货币分别为基准货币和标价货币，求另一基准货币和标价货币的比价，方法是同边相乘"的法则，

3 个月 USD/JPY = 107.60—108.48

3 个月 GBP/USD = 1.5299—1.5312

则 3 个月 GBP/JPY = $(107.60 \times 1.5299)/(108.48 \times 1.5312)$

　　　　　　　　　 $= 64.62/166.10$

第三节　远期外汇交易的功能

一、保值性远期外汇交易

远期外汇买卖是国际上发展最早、应用最规范的外汇保值方式。

所谓保值性远期交易，又称远期套期保值（Forward Hedge），是指卖出（或买进）所持有（或所承担）的一笔外币资产（或负债）的远期外汇，交割日期与持有外币资产变现（或负债偿付）的日期相匹配，使这笔资产或负债免受汇率变动的影响，从而达到保值的目的。

客户对外贸易结算、到国外投资、外汇借贷或还贷过程中都会遇到外汇汇率变动的风险，这就要求对外汇进行保值。通过远期外汇业务买卖，客户可事先将某一项目的外汇成本固定，或锁定远期外汇收付的换汇成本，避免汇率波动可能带来的损失。

例如，某进出口贸易公司主要出口对象在日本和拉美，收到的货币以日元和巴西雷亚尔为主。2014 年 10 月，以上货币的价格波动剧烈，给公司造成很大风险。根据公司实际情况，中国银行建议企业通过远期外汇交易进行保值，锁定风险。具体操作是将预计 3 个月后收到的一笔 14.5 亿日元按照当前远期市场行情 76.50 卖出，卖得约 1895.42 万美元，从此高枕无忧，不再为市场汇率波动而担心。

根据交易主体不同，保值性远期交易又可以分为以下两种。

（一）进出口商和国际投资者的套期保值

在国际贸易和国际投资等活动中，从合同签订到实际结算总有一段时差，这段时间内汇率可能朝着不利于企业的方向变化，为了避免这种风险，进出口商在签订合同时，就向银行买入或者卖出远期外汇，当合同到期时，按已经商定的远期汇率买卖所需外汇。

【例 4-11】

有一个美国公司向墨西哥出口价值 10 万美元的货物，双方达成协议，成交后 30 天付款，以美元结算。当时外汇市场上的即期汇率为 26.80，按此汇率，出口商品的价值为 2680000 墨西哥比索。若 30 天后比索贬值，新汇率为 45.20，那么出口商品的价值将为 4520000 比索，墨西哥进口商将损失 840000 比索。如果墨西哥进口商在签订外贸合同的同时，与银行签订了一份 30 天的远期和约，以 28.21 的远期汇率购入 10 万美元，那么到期时只需支付 2821000 比索，虽然比即期多付 141000 比索，但比不做套期保值的损失（1840000 比索）要小得多。

【例 4-12】

某澳大利亚进口商从日本进口一批商品，日本厂商要求澳方在 3 个月内支付 10 亿日元的货款。当时外汇市场的行情是：

即期汇率 1 澳元＝100.00/100.12 日元，3 月期远期汇率为 1 澳元＝98.00/98.22 日元。如果该澳大利亚进口商在签订进口合同时预测 3 个月后日元对澳元的即期汇率将会升值到 1 澳元＝80.00/80.10 日元，那么

（1）若澳大利亚进口商不采取避免汇率风险的保值措施，现在就支付 10 亿日元，则需要多少澳元？

（2）若现在不采取保值措施，而是延迟到 3 个月后支付 10 亿日元，则到时需要支付多少澳元？

（3）若该澳大利亚进口商现在采取套期保值措施，应该如何进行？3 个月后实际支付多少澳元？

分析：

(1) 该澳大利亚进口商签订进口合同时就支付 10 亿日元,需要以 1 澳元兑 100 日元的即期汇率向银行支付 0.1 亿澳元(10 亿÷100),即 10000000 澳元。

(2) 该澳大利亚进口商等到 3 个月后支付 10 亿日元,按当时即期汇率

按 1 澳元＝80 日元计算,须向银行支付 0.125 亿澳元(10 亿÷80),即 12500000 澳元。这比签订进口合同时支付的货款多出 0.025 亿澳元,即多支付 250 万澳元,这是不采取保值措施付出的代价。

(3) 该澳大利亚进口商若采取套期保值措施,即向银行购买 3 月期远期日元 10 亿日元,适用汇率是 1 澳元＝98 日元。3 个月后交割时只需向银行支付 10204081.63 澳元(10 亿÷98),就可获得 10 亿日元支付给日本出口商。这比签订进口合同时支付的货款多出 204081.63 澳元(大约 20.41 万澳元)。这是进口商采取套期保值措施付出的代价。它对于不采取保值措施,而等到 3 个月后再即期购买日元支付货款所付出的 250 万澳元代价来说,是微不足道的。

(二) 外汇银行为了轧平外汇头寸而进行套期保值(外汇头寸调整交易)

客户与银行的远期外汇交易,事实上是把相应的汇率变动风险转嫁给了银行。银行在所做的同种货币的同种期限的所有远期外汇交易不能买卖相抵时,就产生外汇净头寸,面临风险损失。为了避免这种风险损失,银行需要将多头抛出,空头补进,轧平各种币种各种期限的头寸。

例如,一家美国银行在 1 个月的远期交易中,共买入了 9 万英镑,卖出了 7 万英镑。这家银行持有 2 万英镑的多头,为了避免英镑跌价而造成的损失,这家银行会向其他银行卖出 2 万英镑的 1 个月期汇。

二、投机性远期外汇交易

外汇投机(Foreign Exchange Speculation)是指投机者(Speculator)根据对有关货币汇率变动的预测,通过买卖现汇或期汇,有意保持某种外汇的多头或空头,以期在汇率实际发生变动之后获取风险利润的一种外汇交易。

外汇市场上的投机可分为即期外汇投机和远期外汇投机。典型的外汇投机是远期外汇投机,其特点是不涉及货币的立即交割,成交时无须付现,只需支付少量保证金,一般都是到期轧抵,支付差额,因此远期外汇投机不需要持有足够的现金或外汇即可进行规模交易。

> **想一想** 即期外汇投机(Spot Speculation)与远期外汇投机(Forward Speculation)哪种交易投机性更强?

【例 4-13】

即期外汇交易投机案例

当市场即期汇率为 USD1＝CHF1.6530 时,某投机者预测美元将会升值,①他应该

是买入美元还是卖出美元? ②如果交易额为 100 万美元,一段时间以后,市场汇率变为
USD1＝CHF1.6580,问其获利情况如何? ③如果市场汇率变为 USD1＝CHF1.6420,情
况又如何?

分析:

(1) 该投机者预测美元将会升值,他应该买入美元。

(2) 当市场汇率变为 USD1＝CHF1.6580 时,其获利情况为:

$$100 万 \times (1.6580 - 1.6530) = 5000(美元)$$

(3) 如果市场汇率变为 USD1＝CHF1.6420,该投机者将会蒙受损失,损失金额为:

$$100 万 \times (1.6420 - 1.6530) = 11000(美元)$$

通过上述案例可以看出,投机的正确方法为:

- 当预测货币将升值时,就预先买入该种货币。
- 当预测货币将贬值时,就预先卖出该种货币。
- 远期外汇投机的两种基本形如下。

1. 买空交易

买空(Buy Long)又称做"多头"(Bull),即投机者预测某种外汇汇率将会上升,则先买
(远期)后卖(即期/远期),即先低进,后高出,从中获利。

【例 4-14】

在法兰克福外汇市场,若某德国外汇投机商预测英镑对美元的汇率将会大幅上升,他
就可以做买空交易,先以当时的 1 英镑＝1.5550 美元的 3 月期远期汇率买进 100 万 3 个
月英镑远期;3 个月后,当英镑对美元的即期汇率涨到 1 英镑＝1.7550 美元时,他就在即
期市场上卖出 100 万英镑。轧差后他就会获得 20 万美元[100 万英镑×(1.7550－1.5550)]
的投机利润。

2. 卖空交易

卖空(Sell Short)又称做"空头"(Bear),即投机者预测某种外汇汇率将会下跌,则先
卖(远期)后买(即期/远期),即先高进,再低出,从中获利。

【例 4-15】

在东京外汇市场,某年 3 月 1 日,某日本投机者判断美元在 1 个月后将贬值,于是他
立即在远期外汇市场上以 1 美元＝110.03 日元的价格抛售 1 月期 1000 万美元,交割日
是 4 月 1 日。到 4 月 1 日时,即期美元的汇率不跌反升,为 1 美元＝115.03 日元。该日本
投机者在即期外汇市场购买 1000 万美元现汇实现远期和约交割,为此蒙受 5000 万日元
[1000 万美元×(115.03－110.03)]的损失。

可见,投机行为是否获利或获利大小取决于投机者预测汇率走势的准确程度,如果投
机者预测失误,则会蒙受损失。

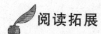

小贴士

外汇套期保值与外汇投机的区别

（1）套期保值者是为了避免汇率风险而轧平外汇头寸，而投机者则是有意识地制造外汇头寸。

（2）套期保值都有实际的商业或金融业务与之相对应，外汇买卖时，有真实数额的资金，而外汇投机则没有。

（3）套期保值的成本固定，可以避免更大损失，而投机具有不确定性。

阅读拓展

中国银行远期外汇交易办理程序

（1）资格审查。客户申请办理远期外汇买卖业务必须有合法的进出口贸易或其他保值背景，并提供能证明其贸易或保值背景的相关经济合同（如进出口贸易合同、标书、海外工程承包合同、信用证或贷款合同等）。

（2）办理程序。①银企双方签署《保值外汇买卖总协议》。②在银行开立外币保证金账户，交存不低于交易本金10%的保证金，保证金币种限于美元、港币、日元和欧元。在中行贷款或信用证项下的远期外汇买卖及中行100%担保项下的外汇买卖可视具体情况，经批准后，相应地减免保证金。③填妥"保值外汇买卖申请书"，经企业法人代表或有权签字人签字，并加盖公章，到银行询价交易。在中国银行分支机构贷款、信用证或担保项下的远期外汇买卖，客户可填妥"保值外汇买卖申请书"委托相应的分支机构进行询价交易。在交易方式上，客户也可以预留指令，要求在什么价位购买何种货币，或者向银行提交授权书。授权书内容具有法律约束力，原则上客户必须在交易前填写；也可以在授权书中授权有权交易人通过电话向银行询价交易。客户通过电话达成交易后第二个工作日必须向银行补交成交确认书。若有分歧以银行交易电话录音为准。

（3）交割手续。①客户应在交易起息日当天到银行办理交割手续，否则银行将按有关规定给予处罚。在外汇买卖如期交割后，客户将剩余保证金转走时，须凭企业出具的保证金支取通知书办理有关支取手续。②客户因故不能按期办理交割，需要展期的，应在不迟于交割日3个工作日前向银行提出展期申请，经银行审核同意后，填写保值外汇买卖申请书，通过办理掉期外汇买卖进行展期。反之，客户要对已达成的远期交易提前交割，应在提前交割的3个工作日前向银行提出申请，经银行审核同意后，填写保值外汇买卖申请书，通过办理掉期外汇买卖调整交割日期。

（4）注意事项。客户叙做的远期外汇买卖因汇率波动可能会造成浮动亏损，当亏损达到客户存入保证金的80%时，银行将随时通知客户追加保证金，客户应及时补足保证金，否则银行将视情况予以强制平仓，由此产生的一切费用及损失由客户负责。

中国银行远期外汇买卖流程参见图4-1。

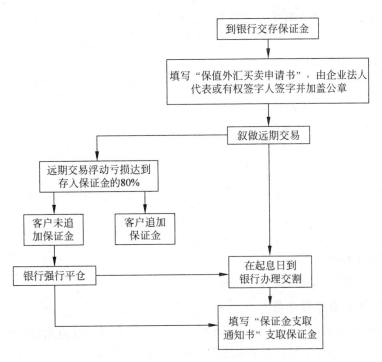

图 4-1　中国银行远期外汇买卖流程图

第四节　特殊的远期外汇交易

一、掉期交易

(一)掉期交易的概念

掉期交易(Swap Transaction)是指外汇交易者在买进或卖出一定期限的某种货币的同时,卖出或买进期限不同、金额基本相同的同种货币的交易。

据统计,世界主要外汇市场上,大多数远期交易都是掉期交易的一部分,即只有5%左右属于单纯远期外汇交易。

【例 4-16】

一家美国投资公司需要100万英镑现汇进行投资,预期3个月后可以收回投资。为了防止3个月后英镑汇率下跌,则该公司利用掉期业务,即期买进100万英镑的同时,卖出3个月远期100万英镑期汇,从而转移此期间英镑汇率下跌而承担的风险。

【例 4-17】

某企业从日本借入一笔一年期1亿日元的贷款,由于该企业需从美国进口原材料加工生产,产成品销往美国,该公司进口付汇和出口收汇都是用美元计价。所以,该企业到中国银行申请即期卖出日元买入美元的同时,为保证一年后有足够的日元还贷款和控制汇率风险,再叙做了一笔远期买入日元卖出美元的业务,从而达到固定成本,防范汇率风险的目的。

(二)掉期交易的特点

在掉期交易中,买卖的数额始终不变,即掉期交易改变的不是交易者手中持有的外汇数额,而是交易者所持货币的期限。具体特点为:

(1)买与卖是同时进行的。

(2)买与卖的货币种类相同,金额相等。

(3)买与卖的交割期限不相同。

(4)掉期交易主要在银行同业间进行,一些大公司也利用其进行套利活动。

> **想一想** 掉期交易中两种货币的交易有哪些相同点和不同点?

(三)掉期交易的类型

按交割日的不同,掉期交易分为三种。

1. 即期对远期的掉期交易

即期对远期的掉期交易(Spot-Forward Swaps)是最典型最普遍的掉期交易,相当于在买进(卖出)某种货币的同时,反方向卖出(买进)远期该种货币的交易,即买进即期,卖出远期(例4-16),或卖出即期,买进远期(例4-17)。该种交易主要用于避免外汇头寸风险和外汇资产或负债因汇率变动而遭受的风险。

2. 远期对远期的掉期交易

远期对远期的掉期交易(Forward-Forward Swaps)是在远期外汇市场上同时买进并卖出不同期限的同种远期货币的交易形式,如买进3个月远期的同时卖出6个月的远期。这种交易方式既可用于避险,也可用于某一段时期内的外汇投机,即较短期限或较长期限的外汇交易。

3. 即期对即期的掉期交易

即期对即期的掉期交易(Spot-Spot Swaps)又称一日掉期,即同时买进和卖出交割日不同的即期外汇。比如,掉期中一笔交易在成交后第一个营业日交割,另一笔则在成交后第二个营业日交割。这种交易主要用于银行间的资金拆借。

(四)掉期交易的应用

(1)利用掉期交易防范汇率风险。

【例4-18】

一家美国公司准备在英国市场进行投资,投资金额为100万英镑,期限为6个月。思考:该公司如何防范汇率风险?

分析:该公司可进行一笔即期对远期的掉期交易,即买进100万即期英镑的同时,卖出100万的6个月远期英镑,由此防范汇率风险。

**【例4-19】**

一家日本贸易公司向美国出口产品,收到货款500万美元。该公司需将货款兑换为日元用于国内支出,同时公司需从美国进口原材料,并将于3个月后支付500万美元的货款。

思考:公司采取何种措施来规避风险?

分析:该公司可做一笔3个月美元兑日元掉期外汇买卖:即期卖出500万美元(买入相应的日元)的同时,买入3个月远期500万美元(卖出相应的日元),由此防范汇率风险。

(2)利用掉期交易解决外汇合约的延期问题。

【例4-20】

通达进出口公司与某非洲公司签订了一份出口合同,价值10万美元,6个月后结算。为防范汇率风险,通达公司与银行进行了远期外汇交易,卖出6个月期远期外汇美元。6个月后,进口商不能按期付款,通知通达公司须延期2个月付款。这就造成了通达公司与银行签订的远期合同无法履行的问题。

思考:通达公司应如何解决出现的问题呢?

分析:6个月后,该公司进行一笔掉期业务,即买入即期10万美元的同时卖出10万2个月的远期美元,既防范了汇率风险,又解决了合同延期的问题。

二、择期交易

上述远期外汇交易的交割日是固定的,然而在国际交易中,有时不能提前确切知道付款或收款的日期,在此情况下,交易中不需要固定交割日期,但需要固定汇率,这样便产生了远期择期外汇交易。

(一)远期择期交易的概念

远期择期交易(Forward Option)是指交易一方在合同的有效期内任何一个营业日,要求交易的另一方按照双方约定的远期汇率进行交割的远期外汇交易。根据交割日的期限范围可分为完全择期交易和部分择期交易。

【例4-21】

5月10日美国进口商同英国客户签订合同,从英国进口价值100万英镑的货物,合同要求货到后1个月付款。按照规定,货物必须在签订合同后1个月内到达,但在哪一天到达无法事前确知。5月10日的汇率行情为:

即期汇率	1个月远期	2个月远期
GBP/USD=2.5230/40	10/20	30/50

思考:进口商如何防范汇率风险?

分析:因为无法确定哪一天付款,进口商只能签订2个月远期择期交易合同,即从签订进出口合同之日起,2个月之内的任何一天均可交割。

在择期交易中,事先确定交易货币的种类、数量、汇率和期限,而外汇的具体交割日在合约规定的期限内由客户选择决定。因此,远期择期交易使客户在时间上有主动权,银行是被动的,因而银行应该在汇率上得到补偿,即选择对自己最有利的汇率。

(二) 如何确定择期汇率

1. 择期汇率的确定方法一

当银行卖出择期外汇时,若远期外汇升水,则银行要求汇率接近择期期限结束时的汇率 B(见图 4-2);若远期外汇贴水,则银行要求汇率接近择期期限开始时的汇率 C(见图 4-3)。

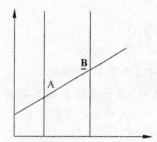 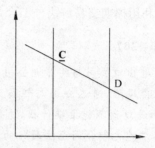

图 4-2 远期外汇升水时卖点的选择   图 4-3 远期外汇贴水时卖点的选择

2. 择期汇率的确定方法二

当银行买入择期外汇时,若远期外汇升水,则银行要求汇率接近择期期限开始时的汇率 A(见图 4-4);若远期外汇贴水,则银行要求汇率接近择期期限结束时的汇率 D(见图 4-5)。

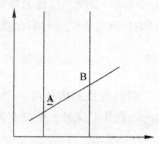 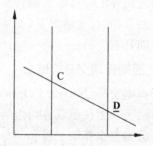

图 4-4 远期外汇升水时买点的选择   图 4-5 远期外汇贴水时买点的选择

【例 4-22】

假如某年 4 月 6 日的汇率如表 4-2 所示,根据表中汇率回答下列问题。

① 客户用英镑向银行购买期限为 5 月 6 日—6 月 6 日的择期远期美元,银行应采用哪个汇率?

② 客户用美元向银行购买期限为 5 月 6 日—7 月 6 日的择期远期日元,银行应采用哪个汇率?

③ 客户向银行出售期限为 5 月 6 日—7 月 6 日的择期远期日元,买入远期美元,银行应采用哪个汇率?

④ 客户向银行出售期限为 6 月 6 日—7 月 6 日的择期远期新加坡元,银行应采用哪个汇率?

⑤ 客户向银行购买期限为 4 月 6 日(汇率见表 4-2)—7 月 6 日的择期远期新加坡元,银行应采用哪个汇率?

表 4-2　某年 4 月 6 日的汇率

汇 率　期　限	GBP/USD	USD/JPY	USD/SGD	起算日
即期汇率	1.5810/90	124.75/85	1.6110/1.6120	4 月 6 日
1 个月	1.5141/54	124.15/28	1.6125/1.6135	5 月 6 日
2 个月	1.5100/13	123.60/75	1.6140/1.6150	6 月 6 日
3 个月	1.5055/71	123.10/24	1.6155/1.6165	7 月 6 日

分析:根据择期汇率的确定方法,上述 5 个问题应分别选择如下汇率。

① 1.5100; ② 123.10; ③ 124.28; ④ 1.6165; ⑤ 1.6110

本 章 要 点

1. 远期外汇交易概述,包括远期外汇交易交割日的推算和远期外汇交易的报价。

2. 远期汇率的确定与计算。

3. 远期外汇交易的应用,包括保值性远期外汇交易和投机性远期外汇交易。

4. 两种特殊的远期外汇交易,即掉期交易和择期交易。

本 章 思 考 题

一、选择题

1. 以下各项中可以作为远期外汇交易的交割日的是(　　)。

　　A. 成交的当日　　　　　　　　　B. 成交后的第 2 个营业日

　　C. 成交后的第 3 个营业日　　　　D. 成交后的 1 周

　　E. 成交后的 1 个月

2. 以下各项中属于掉期交易的是(　　)。

　　A. 买进 100 万即期美元同时卖出 100 万远期美元

　　B. 卖出 2000 万即期日元同时买进 2000 万远期日元

　　C. 买进 500 万即期美元同时卖出 600 万远期美元

　　D. 买进 500 万即期英镑同时卖出 500 万即期美元

　　E. 买进 500 万"T+0"交割的即期美元同时卖出"T+1"交割的即期美元

3. 市场上 3 位做市商的 USD/JPY 报价如下:

	A 银行	B 银行	C 银行
即期	152.00/50	152.00/25	151.90/15
3 月期	36/33	37/34	38/36

则客户应从(　　)银行买入远期日元,远期汇率为(　　)。

4. 市场上做市商的 GBP/USD 报价如下：

	A 银行	B 银行	C 银行
即期	1.6330/40	1.6331/39	1.6332/42
1 个月	39/36	42/38	39/36

客户应从（　　）银行买入远期英镑,远期汇率为（　　）。

二、计算题

1. 中国香港某外汇银行报出的美元兑英镑、日元价格为：

即期汇率	1 个月远期	2 个月远期
GBP1＝USD1.5540/50	20/10	35/20
GBP1＝JPY121.30/40	15/25	20/40

请写出完整远期汇率。

2. 假设目前市场上美元兑港元的汇率为 USD1＝HKD7.7840,美国利率为 10%,中国香港利率为 7%,则 3 个月远期美元兑港元汇率应是多少？

三、实训题

1. 某瑞士出口商向美国出口一批计算机,价值 100 万美元,2 个月后收汇。假定外汇市场行情如下：即期汇率为 USD1＝CHF1.5620/30;2 个月远期差价为 20/10。

分析：

（1）如果该出口商不进行套期保值,将会损失多少本币？（假设 2 个月后市场上的即期汇率为 USD1＝CHF1.5540/70）

（2）出口商如何利用远期业务进行套期保值？

2. 某个美国进口商从英国进口一批货物,价值 100 万英镑,3 个月后付款。设外汇市场行情如下：即期汇率为 GBP1＝USD1.6320/30;3 个月远期差价为 10/20。

分析：

（1）如果该进口商不进行套期保值,将来的损益情况如何？（假如 3 个月后英镑升值,市场上的即期汇率变为 GBP1＝USD1.6640/70）

（2）进口商如何利用远期业务进行套期保值？

3. 中国香港某投资者购买 100 万美元,投资 3 个月,年利率为 5%。当时外汇市场行情如下：即期汇率为 USD1＝HKD7.7720/25;3 个月的远期差价为 20/10。

分析：如何利用远期外汇交易进行套期保值？

4. 一家中国香港公司以 5% 的年利率借到了 100 万英镑,期限 6 个月。然后,该公司将英镑兑换成港元使用。有关的外汇市场行情为：即期汇率为 GBP1＝HKD12.5620/30;6 个月远期差价为 100/150。

分析：如何利用远期外汇交易进行套期保值？

5. 在纽约外汇市场上,美元兑英镑的 1 月期远期汇率为 GBP1＝USD1.4720,某美国外汇投机商预期 1 个月后英镑的即期汇率将上升,且大于目前 1 个月远期英镑的汇率,则投机者如何利用远期交易进行投机？

假设交易金额为 100 万英镑。1 个月后,如果市场如投机者所预测,英镑即期汇率上涨,假设上涨到 GBP1＝USD1.4760,问投机者的投机利润是多少？

如果 1 个月后的即期汇率为 GBP1＝USD1.4680,则该投资者的获利情况又如何？

第五章

外汇期货交易

1. 正确理解外汇期货交易的含义及特点；
2. 了解外汇市场的构成；
3. 熟悉外汇期货交易与远期外汇交易的异同；
4. 掌握外汇期货交易的规则。

技能目标

1. 能够熟悉不同交易方式下的外汇期货交易流程；
2. 掌握外汇期货交易的操作技巧。

学习导航

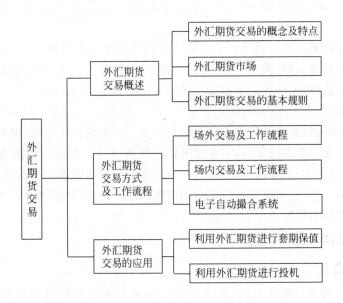

课前导读

利用外汇期货防范汇率风险

某日本出口商 5 月份预计在 8 月份有 1 亿美元流入，但不知道 8 月份的汇率水平为多少，如果美元汇率下跌，该出口商将蒙受损失，因此他希望将汇率波动的风险转移出去。

于是,他到期货市场上与人签订了一个标准化合约,合约规定他有权在 8 月份按特定的价格出售一定数量的美元给对方,从而换取日元。这个合约就是外汇期货合约,其作用是将汇率风险转移出去,以达到保值避险的目的。

通过该案例,你对期货有什么样的认识? 它与远期交易有哪些共同点,又有哪些区别? 本章将从其概念和特点出发,对外汇期货市场的构成、外汇期货交易的规则以及不同交易方式下的外汇期货交易流程和外汇期货交易的操作技巧进行阐述。

第一节　外汇期货交易概述

外汇期货属于金融期货,起源于商品期货交易。自 20 世纪 70 年代,国际汇率制度逐渐由固定汇率制转向浮动汇率制,从而使汇率风险剧增。为了有效防范风险,在传统的远期外汇交易方式上产生了外汇期货交易。

一、外汇期货交易的概念及特点

(一)外汇期货交易的概念

外汇期货(Currency Exchange Futures)又称货币期货,是金融期货的一种。

外汇期货交易是指外汇期货交易双方在外汇期货交易所买卖未来某一特定日期的标准化外汇期货合约的交易。1972 年美国芝加哥商品交易所新设了一个分部——国际货币市场(International Monetary Market,IMM),这是世界上最早的货币期货交易所。

外汇期货交易的主要目的是为了对汇率的变动提供套期保值。其原理是,由于期货的价格以现货价格为基础,因此,它与现货价格呈同方向变动,这样为使未来的外汇头寸的汇率风险得以消除,可以在期货市场上做反方向交易,以期货市场上得到的利润来抵补现汇市场上的损失。

例如,某英国公司 3 个月后需支付一笔货款为 100 万瑞士法郎,英国人担心未来瑞士法郎升值使自己支付更多的英镑,于是他可以在期货市场上买入 8 月份瑞士法郎期货合约(每份合约相当于 12.5 万瑞士法郎)。一旦未来瑞士法郎即期汇率真的上升,瑞士法郎期货的价格也会上升,他就可以在期货市场以更高的价格卖出瑞士法郎,抵偿自己由于即期汇率波动而受到的损失。

(二)外汇期货交易的特点

1. 标准化合约

外汇期货合约是标准化合约,即交易的货币种类和交易数量的标准化。外汇期货交易的主要币种有美元、欧元、英镑、日元、瑞士法郎、加拿大元、澳大利亚元等。但不同货币的合约规模(交易单位)是不同的,如表 5-1 所示,芝加哥国际货币市场(IMM)上英镑期货合约的交易单位是 62500 英镑,瑞士法郎期货合约的交易单位是 125000 瑞士法郎。

表 5-1　芝加哥国际货币市场外汇期货合约概况

合约种类	交易单位	基本点数	最小价格变动（USD）	一张合约最小价格变动（USD）	合约时间（月）
欧元（EUR）	12500	0.0001	0.0001	12.5	3、6、9、12
英镑（GBP）	62500	0.0002	0.0002	12.5	3、6、9、12
瑞士法郎（CHF）	125000	0.0001	0.0001	12.5	3、6、9、12
加元（CAD）	100000	0.0001	0.0001	10	3、6、9、12
澳元（AUD）	100000	0.0001	0.0001	10	3、6、9、12
日元（JPY）	12500000	0.000001	0.000001	12.5	3、6、9、12

2. 交割月份、交割日和最后交易日的规定

交割月份是外汇期货合约规定的期货合约交割的月份，一般为每年的 3 月、6 月、9 月和 12 月。由于绝大部分合约在到期前已经对冲，故到期实际交割的合约只占很少的一部分。

交割日是合同上规定的交割日期，即交割月份中的某一日。每种货币期货都有固定的交割日，不同的交易所有不同的规定，如 IMM 市场的交割日为到期月份的第三个星期三。如果交割日恰逢休市日不营业，则向后顺延。

最后交易日是指期货可以进行交易的最后一天。各交易所对此也有具体规定，如 IMM 的最后交易日为到期月份第三个星期三之前的两个营业日。

3. 统一的价格表示方法

期货价格是指期货合约中规定的期货交易的价格，即未来结算所使用的价格，也称为履约价格（Exercise Price，Strike Price）。在 IMM 市场上，所有的货币价格均以美元表示，外汇期货的价格总是处在不断的变化之中（见图 5-1）。

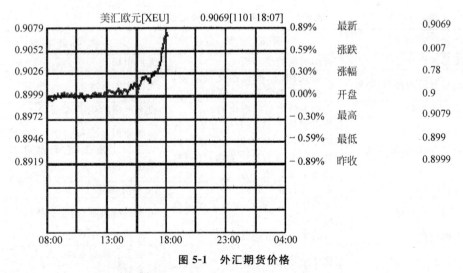

图 5-1　外汇期货价格

4. 法律效力

期货合约是在期货交易所组织下成交的，具有法律效力，价格是在交易所的交易厅里通过公开竞价方式产生的。

5. 外汇期货合约规定最小波幅

价格最小波幅是外汇期货在合约的买卖时,由于供需关系使合约价格产生变化的最低限度。例如,英镑期货合约的价格最小波幅为每 1 英镑的美元汇价的 2 个基点,每份合约的美元价值为 12.5 美元;加拿大元期货合约的价格最小波幅为每 1 加拿大元的美元汇价的 1 个基点,每份合约的美元价值为 10 美元;等等。

6. 外汇期货合约规定涨跌限制

涨跌限制是指每日价格最大波动限制(Daily Limit Moves)。一旦价格波动超过该幅度,交易自动停止,这样交易不致因价格的暴涨暴跌而蒙受巨大损失。各种外汇期货合约的每日变化的最大幅度也各不相同,如 IMM 规定开市时,日元期货的每日价格最大波动为 200 点,每点的价位是 12.5 美元,所以日元期货每份合约的每日价格最大波动为 2500 美元。

7. 通用代号

在具体操作中,交易所和期货佣金商及期货行情表都是用代号来表示外汇期货,如英镑为 BP、加元为 CD,日元为 JY,瑞士法郎为 SF,墨西哥比索为 MP 等。

(三) 外汇期货与远期外汇的比较

1. 相同点

(1) 都是通过合同形式,把购买或卖出外汇的汇率固定下来。
(2) 都是在一定时期以后交割,而不是及时交割。
(3) 购买与卖出的目的都是为了保值或投机。

2. 不同点

外汇期货与远期外汇的不同点见表 5-2。

表 5-2　外汇期货与远期外汇的区别

比 较 项 目	外 汇 期 货	远 期 外 汇
(1) 交易场所	有形的期货交易所	无形市场
(2) 交易货币的种类、期限	少数几种,标准化的交割期限,如到期月份的第三个星期三	无固定的标准
(3) 合约的价值	合约的价值是标准化的	没有严格的规定
(4) 标价方式、报价方式	外汇期货价格的表示方法是标准化的,如 IMM 以美元以外的其他货币作为单位货币,任一时刻成交价是唯一的	多数使用美元标价法,同时给出买入价和卖出价,它们都可以是成交价
(5) 交易时间	交易所营业的时间	24 小时都可以
(6) 交易者的资格	交易所的会员,非会员须通过会员经纪人	虽无资格限制,但受交易额限制
(7) 合约风险	一般不存在信用风险	可能产生信用风险
(8) 保证金	保证金是交易的基础	一般不收取保证金,大约为远期合同金额的 5%～10%
(9) 现金流动的时间	每日都有	交割时才会有现金流动
(10) 合约的流动性	强,实际交割的不到 2%,绝大多数提前对冲	差,90%以上到期交割

二、外汇期货市场

（一）外汇期货市场的构成

外汇期货市场（Forward Exchange Market）是指按一定的规章制度买卖期货合同的有组织的市场，一般由外汇期货交易所、清算机构、会员、经纪商和一般客户构成，如图 5-2 所示。

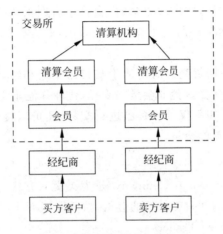

图 5-2 外汇期货市场的构成

1. 期货交易所

期货交易所（Futures Exchange）是具体买卖期货合同的场所。期货交易所是自发的、非营利性的会员组织，由交易所会员共同出资建立。交易所是非营利性机构，本身不参加交易，不拥有任何商品，只是提供交易的场地、设备，并制定相应的规章制度。只有取得交易所会员资格的人才能进入交易所场地内进行期货交易，而非会员则只能通过会员代理进行期货交易。

目前，全球较大的外汇期货交易所主要有芝加哥商业交易所（CME）的国际货币市场（IMM）、伦敦国际金融期货交易所（LIFFE）、费城期货交易所（PBOT）、中美洲商品交易所（MCE）、东京期货交易所（TIFFE）、新加坡期货交易所（SIMEX）和悉尼期货交易所（SFE）等，每个交易所基本都有本国货币与其他主要货币交易的期货合约。

2. 清算机构

清算机构（Clearing Traders）又称清算公司、结算所，是交易所下属的具有独立法人资格的营利性机构。清算机构负责对期货交易所内的期货合约进行登记、交易和清算，它是期货市场运行机制的核心。

清算机构同时是期货合约买卖双方的最后结算者。对于买方来说，清算机构是卖方；对于卖方来说，清算机构则是买方。交易所会员在买进或卖出期货合约时，先不做现金结算，而是由清算机构统一办理。

3. 交易所会员

交易所会员(Exchange Members)就是在期货交易所中拥有会员资格的自然人或法人,即通常我们所说的在交易所拥有"席位"。交易所席位本身是一个具有价值的商品,可以在市场上进行转让和买卖。例如,现在芝加哥商业交易所一个席位的价格大约是765000美元,而在1997年12月的价格为465000美元。

会员缴纳会费,以保证在交易所的正常运作;当交易所经营出现亏损时,会员必须承担增缴会费的义务;而当交易所出现盈余时,会员没有回报的权利。交易所会员有权在交易所内从事交易活动,对交易所的运作经营有发言权。交易所会员通常分为两类:一般会员和全权会员。

(1)一般会员,是指在期货交易所内从事与自己生产和经营业务有关的期货和约买卖的会员。一般会员不能接受其他非会员的委托,代理其他非会员的交易。

(2)全权会员,是指那些不仅可以自己进行交易,还可以接受非会员的委托,代理其他非会员在交易所进行交易的会员。

4. 经纪商

经纪商(Futures Commissions Company)是为买卖双方代为达成外汇期货合约的公司。经纪商必须是经注册的期货交易所的会员,按其职能不同,可分为场内经纪商(Floor Brokers)和场内交易商(Floor Traders)。

(1)场内经纪商是广大非会员参加期货交易的中介,其主要职能是:向客户提供完成交易指令的服务;记录客户盈亏,并代理期货合同的实际交割;处理客户的保证金;向客户提供决策信息以及咨询业务等,同时收取佣金。

(2)场内交易商一般只为自己的利益进行外汇期货交易,以赚取买卖差价为主。

> **想一想**　以上两种经纪商承担风险的情况如何?

5. 一般客户

一般客户(General Trader)也称公众交易者或非商业交易者,是指非交易所会员的客户。这些交易者从事交易的主要目的是防范风险或投机。非会员交易者只有通过经纪商才能参与期货的买卖。

(二)外汇期货市场的功能

(1)价格发现。价格发现即外汇期货市场形成货币价格。这些货币价格反映了大量买方和卖方对目前供求形势和价格的综合看法。

(2)风险转移。套期保值通过对外汇期货合约的买卖,将面临的汇率风险转移出去,以达到避险的目的。

(3)投机。是指在目前或未来并无现货头寸的情况下进行外汇交易,而从期货的价格变动中获得利润的行为。由于期货市场保证金要求不高,因而投机者可以用少量资金进行大规模的投机活动。

三、外汇期货交易的基本规则

外汇期货交易的基本规则是指由交易所制定的、旨在保证交易顺利进行的规章制度中最为重要的交易规则，主要包括公开叫价制度、保证金制度、每日清算制度、结算及交割等。下面重点介绍保证金制度和每日清算制度。

（一）保证金制度（Margin System）

保证金是用来确保期货买卖双方履约并承担价格变动风险的一种财力担保金。在外汇期货交易中设立保证金是为了防止投资者因为外汇期货市场汇率变动而违约，从而给结算公司带来损失。

参加外汇期货交易的各方必须缴纳保证金。会员必须向交易所的清算机构缴纳保证金，非会员必须向经纪公司（会员）缴纳保证金。期货交易的保证金除了防止各方违约的作用外，还是结算制度的基础。

保证金按缴纳的时间和金额比例不同，有以下几种。

1. 初始保证金

初始保证金（Initial Margin）也称原始保证金（Original Margin），是交易中新开仓时必须依照各类合约的有关规定向清算所缴纳的资金，通常为交易总额的一定比例。例如，IMM 规定英镑期货合约的初始保证金为每张 2800 美元，任何人只要在外汇期货市场上开户并缴足初始保证金，就可以进行外汇期货交易。

2. 维持保证金

经过每日清算后，交易者每日的浮动盈亏将会增减保证金账户余额，超过原始保证金部分的金额可以被交易者提领。同时保证金账户也规定了一个交易者必须维持的最低余额，称为维持保证金（Maintenance Margin）。例如，IMM 规定英镑期货合约的维持保证金为 2100 美元，即当交易中如果当日亏损，保证金账户余额低于 2100 美元时，必须在规定的时间内将保证金补充至初始余额 2800 美元，否则在下一交易日，交易所有权强行平仓。

3. 变动保证金

变动保证金（Variation Margin）也称追加保证金，即初始保证金与维持保证金之间的差额，如表 5-3 所示。

表 5-3　IMM 外汇期货合约保证金的要求

期货合约货币种类	初始保证金	维持保证金
英镑	2800	2100
日元	2700	2000
瑞士法郎	2700	2000
加元	1000	800
澳元	2000	1500

想一想　每种期货合约的变动保证金是多少？

保证金制度是期货制度的灵魂,其顺利实施又有赖于每日清算制度。

(二)每日清算制度

每日清算制度(Mark to Market Daily)是指交易所的清算机构在每日闭市后对会员的保证金账户进行结算、检查,通过适时发出保证金追加单(Margin Call),使保证金余额维持在一定水平,即在维持保证金之上,从而防止负债发生的一种制度,其目的是控制期市风险。

每日清算制度的实施过程如下:

(1)每一交易日结束后,清算机构根据当日成交情况结算出当日结算价格。

(2)根据结算价格计算每位会员持仓的浮动盈亏,调整其保证金账户余额。

(3)若调整后的保证金账户余额小于维持保证金,交易所便发出通知,要求在下一交易日开始之前追加保证金,否则强行平仓。

由于每日清算制度的存在,会员账户上每日都有现金流的发生(见表5-4)。

表 5-4 现金流与保证金情况变化表

日　期	结算价	变　动	客户 A(买入)		客户 B(卖出)	
			现金流(美元)	余额(美元)	现金流(美元)	余额(美元)
7月5日	0.6132			初始 2000		初始 2000
	0.6140	+0.0008	+100.0	2100.0	−100.0	1900.0
7月6日	0.6152	+0.0012	+150.0	2250.0	−150.0	1750.0
7月7日	0.6078	−0.0074	−925.0	1325.0	+925.0	2675.0
7月8日	0.6099	+0.0021	+262.5	2262.5	−262.5	2412.5
7月9日	0.6075	−0.0024	−300.0	1962.5	+300.0	2712.5
合　计		−0.0057	−712.5	−712.5	+712.5	+712.5

注:其中 0.6132 为开立价,0.6075 为终结价。

第二节　外汇期货交易方式及工作流程

外汇期货交易主要可通过下列三种方式进行:以公开叫价的形式在交易大厅内进行、场外交易和利用电子自动配对系统(如 GLOBEX)进行。目前衍生品交易正在向全电子化方向发展。下面分别对三种交易方式进行简要介绍。

一、场外交易及工作流程

场外交易是指没有会员资格的客户,通过委托经纪公司进行期货交易的行为,其交易工作流程如下:

(1)选择期货经纪公司。经纪公司是普通客户和交易所之间的纽带,因此选择一个运作规范、服务优良、综合实力较强的经纪公司是期货交易的首要环节。

(2)开户与入金。客户应与所选择的期货经纪公司签订开户合同书及其他必要的相关文件,如电话委托协议、网上委托协议,并开立期货交易账户,根据自身交易要求,投入一定的保证金。

（3）下达指令。客户（期货买方或卖方）根据对期货行情的分析判断，选择通过书面委托、电话委托、网上委托等方式买入或卖出、开仓或平仓某一种数量的某种期货合约。

（4）指令进场交易。经纪公司将客户指令直接下达至期货交易所场内主机，按时间优先、价格优先的原则进行撮合交易。

（5）成交回报。经纪公司将成交情况按事先约定的方式回报给客户。

（6）结算。经纪公司根据交易所每日收盘后公布的统一结算价对客户当日交易及持仓情况进行盈亏、手续费、保证金等的清算，并向客户提供相关的结算单据。客户也可自行拨打电话或上网查询。

（7）交割。外汇期货合同具有双向性，因此外汇期货交易极少在到期日交割，一般随时做一笔相反方向的交易进行平仓。

二、场内交易及工作流程

交易池是交易所指定的可以进行期货交易的指定场所。场内交易是传统的期货交易方式。交易所交易大厅根据交易品种的不同，分割成不同的交易区域——交易池。交易池是整个交易所交易体系的中心，每一种期货合约的竞价就在这里进行。

交易所的交易池一般呈八角形或圆形，四周是由高向低的台阶，中间交易池处于最低的位置，两边台阶依次上升，交易者站在台阶上，每个人都比前边的人高一点。交易池分成多个交易区域，近期交易合约处于一个特定的位置，而远期月份的合约则分布在近期合约的周围。

下面以美国芝加哥商业交易所（CME）为例，介绍期货委托单在系统内流转的传统步骤（见图5-3）。

（1）客户决定买进或卖出某期货合约。通过期货经纪商的下单软件将订单的详细信息（交易手数、买或卖、交易品种、交割月份、希望成交价格等）直接发送传至指定交易所的TOPS终端。TOPS系统会根据交易订单的信息，首先确认账户的合法性，通过确认的订单将自动传送到指定交易池的经纪商公司的会员控制台，或通过电话将订单信息传至期货经纪商，再由期货经纪商直接传至其指定交易池的控制台。

（2）会员控制台收到客户指令后，会马上通知跑单员，跑单员将尽快通知场内交易员。控制台到场内交易员的连接，目前很多公司已经使用掌上电脑进行，控制台收到客户订单信息的第一时间，场内交易员已经得到相应的信息。场内交易员可以马上撮合交易，这缩短了成交的时间，提高了工作效率。

（3）场内交易员通过公开喊价撮合成交客户的订单，一旦完成撮合过程，场内交易员马上将成交信息记录到记录卡上，将记录卡交给跑单员，由跑单员将交易信息（记录卡）传给控制台。

（4）控制台工作人员将交易信息输入计算机，传送回公司和客户。同时将交易记录传至结算所，等待最后确认。

（5）收到结算所通知后，期货经纪商编制交易确认报告并寄给客户，完成整个交易。

由此可见，整个过程多人参与，各司其职。尽管有多个步骤，但整个过程非常高效，委托单可以在一两分钟内执行完毕。

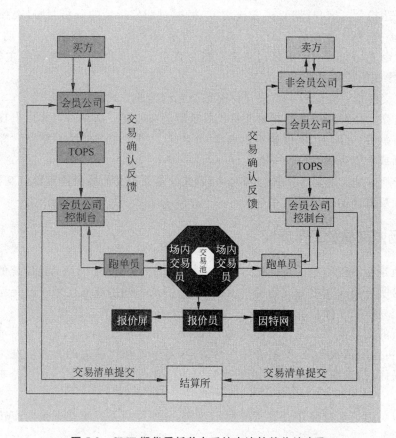

图5-3　CME期货委托单在系统内流转的传统步骤

三、电子自动撮合系统

进入21世纪,随着计算机技术的快速发展,越来越多的交易品种已经开始使用电子自动撮合系统。目前,各期货交易所都在抓紧时间完成各品种的电子交易系统。例如,2006年8月1日,芝加哥期货交易所终于启动了呼唤已久的电子平台"肩并肩"(Side by Side)与场内公开喊价(Out Cry)实现同时运行,同年8月28日开始的人民币期货交易,不采用场内交易,而直接采用电子交易系统(GLOBEX)。这些信号暗示,电子交易有在未来取代场内交易的趋势。

电子自动撮合系统是将所有的电子终端通过因特网连接后,再连接到一个电子自动撮合系统终端,如CME的GLOBEX终端,它将按照价格优先、时间优先的交易规则自动完成买卖撮合(First In,First Out)。

以CME的电子交易系统GLOBEX为例,当客户通过期货代理公司的终端进入GLOBEX执行和约的买卖时,系统将首先核实账户的合法性和资金,在几秒内,客户将收到一条信息"订单已经被系统接受"(The order has been received by the system),之后计算机将根据价格优先、时间优先的原则,将客户的订单放到队列中对应的位置等待系统自动撮合。

以下是电子自动撮合系统的流程图,如图5-4所示。

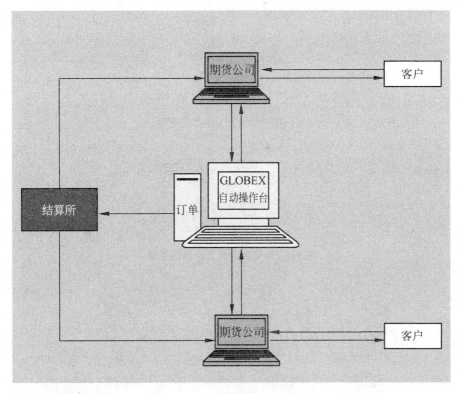

图 5-4　电子自动撮合系统的流程图

✏️ **小贴士**

外汇期货交易手势

在场内交易方式下,场内经纪人根据订单要求在交易柜台内公开叫价,与交易对方定价成交并记录确认交易行为。在交易大厅场音嘈杂时,他们用一套标准手势来进行交易,如图5-5～图5-8所示。

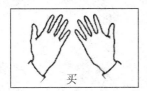

图 5-5　外汇期货买卖的手势

随着计算机的飞速发展,现在越来越多的品种采用了计算机自动交易系统,在不久的将来,也许大家将看不到这种壮观、声势浩大的池内手势交易系统了。

成交价格:只用手势表示最后一位数,如图5-6所示。

交易手势:代表数字的手势指向面部,如图5-7所示。

交割月份,手势如图5-8所示。

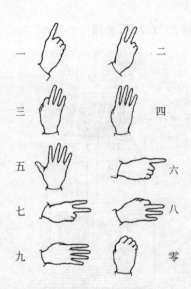

图 5-6 外汇期货成交价格的手势

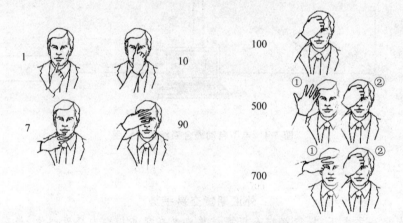

图 5-7 外汇期货交易手数的手势

图 5-8 外汇期货交割月份的手势

第三节 外汇期货交易的应用

一、利用外汇期货进行套期保值

由于汇率的大幅度波动,使外汇持有者、贸易厂商、银行、企业等均需采用套期保值,将风险降至最低限度。

套期保值又称对冲交易,是指利用外汇现货市场价格与期货市场价格同方向、同幅度变动的特点,在外汇现货市场与期货市场做方向相反、金额相等的两笔交易,以便对持有的外币债权或债务进行保值。

外汇期货价格与即期外汇价格变动呈一致性的特性,这是外汇期货交易可以用来防范汇率风险的原因。

目前,我国还没有推出货币期货,外汇的"套期保值"可在海外完成。据了解,国内企业在做贸易计划时,都会附带一个"套期保值"计划,用来保证自己的利润空间。

套期保值分为买入套期保值和卖出套期保值。

(一)买入套期保值——多头套期保值(Long Hedge)

买入套期保值是指在期货市场上先买进某种货币期货,然后卖出该种货币期货,以抵消现汇汇率上升给持有的外汇债务带来的风险。这一操作适用于进口商、短期外汇负债者。

【例5-1】

3月末美国某公司急需一笔资金,而其瑞士分公司在9月前恰巧有(35万)瑞士法郎暂时不用,于是总公司将瑞士分公司的35万瑞士法郎调回国使用,为防范3个月后瑞士法郎风险,决定做多头套期保值,见表5-5。

表5-5 多头套期保值损益分析1

现汇市场上的损益	期货市场上的损益
4月1日 卖出35万瑞士法郎 汇率: USD1=CHF1.5404 收入: 350000÷1.5404=227213.71(美元)	4月1日 买进3份8月份瑞士法郎期货 期货价格为: 每份0.6458美元 需支付: 125000×3×0.6458=242175(美元)
7月1日 买进35万瑞士法郎 汇率: USD1=CHF1.5396 支付: 350000÷1.5396=227331.78(美元)	7月1日 卖出3份8月份瑞士法郎合约 期货价格为: 每份0.6494美元 收入: 125000×3×0.6494=243525(美元)
亏损: 227213.71-227331.78=-118.07(美元)	赢利: 243525-242175=1350(美元)

分析:从表5-5中可以看出,由于瑞士法郎汇率上升,使得3个月的现汇市场上买进35万瑞士法郎多支付118.07美元,但期货市场赢利1350美元,大大抵消了这一损失。同理,如果3个月后瑞士法郎下跌,公司期汇损失可通过现汇市场得以补偿。

【例 5-2】

　　美国某进口商在 3 月 8 日从瑞士进口价值 240000 瑞士法郎的商品,3 个月后,即 6 月 8 日需向瑞士出口商支付 240000 瑞士法郎的货款。假设 3 月 8 日的市场行情为即期汇率 USD1＝CHF1.6511,6 月期瑞士法郎期货价格为每份 0.6057USD;6 月 8 日的市场行情为即期汇率 USD1＝CHF1.6471,期货的价格为每份 0.6071USD。

　　思考:美国进口商如何利用期货交易防范汇率风险?

　　分析见表 5-6。

表 5-6　多头套期保值损益分析 2

时　点	即期市场上的损益	期货市场上的损益
3 月 8 日	CHF240000÷1.6511＝145357.64(美元)	买进 2 份瑞士法郎期货,价值为 2×125000×0.6057＝151425(美元)
6 月 8 日	CHF240000÷1.6471＝145710.64(美元)	卖出 2 份瑞士法郎期货,价值为 2×125000×0.6071＝151775(美元)
	在即期市场上,如果在 6 月 8 日买入瑞士法郎与在 3 月 8 日买入相比,需多付 145710.64－145357.64＝353(美元)	在期货市场上可多得 151775－151425＝350(美元)

　　表 5-6 说明该美国进口商通过期货市场上的收益弥补了即期市场上的损失。

(二) 卖出套期保值——空头套期保值(Short Hedge)

　　空头套期保值是指在期货市场上先卖出某种货币期货,然后买进该种货币期货,以抵消现汇汇率下跌给持有的外汇债权带来的风险。

　　这一操作适用于出口商、应收款的外汇债权者。

【例 5-3】

　　美国的某跨国公司设在英国的分支机构急需 625 万英镑现汇支付当期的费用,此时美国的这家跨国公司正好有一部分闲置资金,于是 3 月 12 日向分支机构汇去了 625 万英镑(按当日的现汇汇率 GBP1＝USD1.5790/1.5806 进行折算)。为了避免将来收回款项时(设 3 个月后偿还)因汇率波动(英镑汇率下跌)带来的风险,美国的这家跨国公司便在外汇期货市场上做英镑空头套期保值业务(见表 5-7)。

表 5-7　空头套期保值损益分析 1

现 汇 市 场	期 货 市 场
6 月 12 日,按当日汇率 GBP1＝USD1.5806 买进 625 万英镑,价值 987.875 万美元	6 月 12 日,卖出 100 份于 9 月份到期的英镑期货合约,每份 62500 英镑,价格为每份 1.5800 美元,获得 987.5 万美元
9 月 12 日,按当日汇率 GBP1＝USD1.5746 卖出 625 万英镑,价值 984.125 万美元	9 月 12 日,买进 100 份 9 月份到期的英镑期货合约,价格为每份 1.5733 美元,支付 983.3125 万美元
盈亏计算: 984.125－987.875＝－3.75(万美元)	盈亏计算: 987.5－983.3125＝4.1875(万美元)

分析：从表 5-7 可以看出，由于英镑兑美元贬值，美国公司在现汇市场上的交易亏损为 3.75 万美元，在外汇期货市场上的交易赢利为 4.1875 万美元，套期保值最终赢利为 4375 美元。如果该公司没有进行套期保值，在 6 月 12 日的现汇市场买入 625 万英镑，9 月 12 日收回英镑时在现汇市场卖出，会因英镑贬值而净损失 3.75 万美元。当然，如果英镑升值，该损失不会发生。但是，在 6 月 12 日买入现汇时，并不知道 3 个月后英镑到底是升值还是贬值，升值固然有利，万一贬值该公司必然蒙受损失。一旦采取了套期保值，英镑在现汇市场上贬值，在期货市场上也会贬值，由于期货与现汇是反方向的操作，因此该公司在外汇期货交易中将获利，以此抵消现汇交易中的损失。

【例 5-4】

在 9 月 6 日，美国出口商向加拿大出口一批货物，价值 500000 加元，以加元结算，3 个月后收回货款，美国出口商用外汇期货交易来防范汇率风险。9 月 6 日的市场行情为即期汇率 USD1＝CAD1.1779，12 月份的加元期货价格为每份 0.8490 美元；12 月 6 日的市场行情为即期汇率 USD1＝CAD1.1820，12 月份的加元期货价格为每份 0.8460 美元。

思考：美国出口商如何利用期货交易防范汇率风险？

分析见表 5-8。

表 5-8　空头套期保值损益分析 2

时点	即期市场上的损益	期货市场上的损益
9 月 6 日	500000 加元价值相当于 500000÷1.1779＝424484.25（美元）	卖出 5 份 12 月期的期货，价值为 5×100000×0.8490＝424500（美元）
12 月 6 日	500000 加元价值相当于 500000÷1.1820＝423011.84（美元）	买入 5 份 12 月期的期货对冲原有期货，价值为 5×100000×0.8460＝423000（美元）
	12 月 6 日卖出加元与 9 月 6 日卖出加元相比，损失为：423011.84−424484.25＝−1472.41（美元）	在期货市场上加元的对冲交易，收益为：424500−423000＝1500（美元）

二、利用外汇期货进行投机

外汇期货投机是指外汇期货投机者并未实际持有外币债权或债务，而是通过自己对外汇期货行情的预测，通过在期货市场上的贱买贵卖来赚取差价利润。

与套期保值者不同的是，外汇期货投机并不是因为债权与债务结算而进入外汇市场，这完全是投资者根据自己对期货行情的预测及判断，进行对冲赚取差价的行为。若该投机者预测汇率上涨买入外汇期货契约，即做多头，若预测下跌则卖出期货契约，即做空头。

（一）多头投机

多头投机：又称买空交易，是指投机者预测将来某种外汇期货合约的价格将上涨，便先购买该合约，即做多头，待价格上涨至预期目标时，再将其卖出，以获得低价买、高价卖的好处。

【例 5-5】

某外汇投机商在 3 月 1 日预测日元对美元汇率上升,于当天在 IMM 市场买进 12 月交割的日元期货合约 10 份,并按要求缴纳了保证金。6 月 1 日日元果然升值,则抛出 10 份日元期货合约,获利情况如下:

3 月 1 日买进 10 份日元期货合约(12 月交割),成交价为 100 日元=0.7813 美元。

6 月 1 日卖出 10 份日元期货合约(12 月交割),成交价为 100 日元=0.8197 美元。

赢利:1250 万×10×(0.8197-0.7813)÷100=4.8 万(美元)

(二)空头投机

空头投机又称卖空交易,是指投机者预测将来某种外汇期货合约的价格将下跌,而采取事先出售该合约,即做空头,待价格下跌至预期目标时,再买进该合约以获得高价卖、低价买的好处。空头投机的原理和多头投机一样,只是反向运作。

多头和空头投机成功的关键是投机者能否正确地预测未来汇率的变化方向。如果预测准确,会因期货交易的杠杆效应带来巨大的收益;但如果期货行情与所预测方向相反,则会给投机者带来难以估计的损失,这正是外汇期货投机的巨大风险所在。

【例 5-6】

7 月 9 日,甲、乙二投机者对期货价格走势进行了预测,甲认为瑞士法郎期货价格将升高,乙认为瑞士法郎期货价格将走低,二人分别根据自己的预测判断情况进行了 10 份瑞士法郎期货投机。设 7 月 5 日他们买卖 9 月期瑞士法郎期货的成交价都是每份 0.6116 美元,到 8 月 9 日 9 月份期货价格的结算价为每份 0.6008 美元(一份瑞士法郎期货合约的价值为 125000 瑞士法郎)。

问题 1:甲、乙二人分别进行了何种交易?

问题 2:到 8 月 9 日收盘后,二人账面损益分别为多少?为什么?

分析:

(1)甲进行多头投机(预测行情上涨,先买后卖);乙进行空头投机(预测行情下跌,先卖后买)。

(2)二人账面损益的计算:

$$(0.6116-0.6008)×125000×10=13500(美元)$$

由于 8 月 9 日期货价格正如乙所判断的下跌行情,因此乙的收益为 13500 美元;甲的损失为 13500 美元。

原因是甲判断失误,乙判断正确。

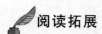 **阅读拓展**

中国香港人民币货币期货交易量创年内新高

2015 年 8 月 12 日,美元兑离岸人民币汇率最新报 6.5161,人民币兑美元汇率连续第二日下挫,带动香港离岸市场避险情绪升温。

港交所(0388.HK)行政总裁李小加透露,人民币货币期货(下称"人民币期货")交易量进一步上涨,8月12日交易量冲破8000张合约,创下新高。

今年年初以来,美元兑人民币汇率一直在6.18~6.28之间波动,8月11日,中国人民银行进行人民币兑美元中间价报价机制改革,一次性贬值近2%,对货币市场带来显著影响,离岸人民币下跌超过2%,创下历来单日最大跌幅。受此消息刺激,港交所上市的人民币期货成交活跃度大幅提升,11日成交量达5816张合约,创下2015年内新高。

"过去几天人民币汇率的变动,暗示了未来将要发生的事件,人民币汇率改革、对外开放和国际化进程都将继续,人民币汇率的波动不仅将成为市场需要关注的重要波动。"李小加表示,受益于人民币汇率的波动,人民币期货的成交量也从最初的每日几百份合约升至今天的8061张合约。

港交所自2012年9月推出人民币期货,旨在为离岸投资者提供对冲人民币汇率风险的工具,为全球首只可交收的人民币期货。产品推出后大部分时间,交易并不活跃,上一次出现大幅增长是在去年,受人民币汇率波动扩大以及双向波动的影响,人民币货币期货在12月9日达4608张合约,名义金额人民币28亿元,创下8个月以来的最高纪录。当时,买卖人民币货币期货的交易所参与者数量已经增至79名。

港交所公布的数据显示,7月份人民币期货的日均成交量仅为691张合约,截至7月底,7月美元/人民币期货未平仓合约大幅反弹至10924张合约,较上个月末增长44%。

"离岸及在岸市场的互动很重要,过去一段时间,尽管香港离岸人民币市场发展很迅速,但离岸与在岸市场基本上是两个(分割)市场,汇率的变动会让两个市场的距离缩短,互动增加。"李小加表示,将继续紧密关注人民币汇率改革的发展、对市场的影响以及市场的反映。

汇丰资产管理认为,经过12日的下跌,短期内,市场对人民币汇率继续下跌预期和资本外流风险会对离岸人民币债券市场带来压力,尤其是如果人民币兑美元继续下跌,将令资本外流的担忧加剧,导致离岸投资级别人民币债券可能受到严重打击。

资料来源:第一财经,2015-08-12.

小贴士

美国 CME 交易所内的人员构成

1. 场内经纪人

场内经纪人(Floor Brokers)主要是帮助客户在交易池(Pit)内完成订单的撮合。其中,有一部分场内经纪人是独立会员,自己本身拥有交易所席位,可以直接接受客户的订单,替客户完成场内交易过程;另一部分是会员公司的雇员,只替会员公司的客户完成场内交易。

场内经纪人身穿红色马甲,或自己公司标志性的颜色。

注意:目前很多场内经纪人在替客户交易的同时,也在为自己交易。

2. 自营交易员

自营交易员(Locals)通常是交易所会员,或租用交易所席位,在场内专门为自己交易,不代替别人进行交易的场内交易员。

自营交易员根据持仓的时间不同,分为以下三种。

(1) 日交易者(Day Trader)。他们一般在开盘后就进场,在收盘之前了解所有的头寸,只进行当天的交易,这种交易的数额一般都比较大。

(2) 头寸交易者(Position Trader)。他们一般会持有头寸几周后才进行平仓,实现对冲。他们大多是专业的投资大户,资金量比较雄厚,交易量大,持仓时间也比较长。

(3) 抢帽子者(Scalpers)。他们在交易所四处活动,只要发现买卖双方的价格出现了有利可图的价差,就马上介入,以赚取哪怕是十分微薄的利润。他们的投资金额不大,交易量小,持仓时间短,但是,他们是交易池中最活跃的因素,频繁地买进卖出,填补买卖价差,有利于均衡价格形成。

注意:现在有一部分自营交易员在自己交易的同时,也替某会员公司的客户进行交易。

3. 会员公司职员

会员公司通常在交易池旁边设有一个控制台,有专门的职员盯守。其主要任务是接受会员公司的客户通过电话或网络传来的买卖订单,然后及时将订单传给跑单员,由跑单员通知场内交易员,完成撮合成交后,及时将跑单员传回的成交信息传回会员公司,同时转发至结算所,会员公司接收到数据后会及时通知客户,确认订单已成交。

职员通常穿着特殊颜色的制服,如在芝加哥商业交易所 CME 各会员公司职员的制服为金色的外套。

4. 跑单员

跑单员(Runners)的职责是将控制台接收到的客户订单指令的详细信息及时传给本公司的场内交易员,或替公司完成交易的入市交易员(自营交易员)。等交易员完成交易池内撮合交易后,及时将交易员完成的交易记录卡传给公司控制终端,由公司职员输入计算机,传给结算所、公司和客户。

随着计算机的普及和快速发展,目前一些公司的跑单员的工作已经被先进的掌上电脑所取代。例如,现在被广泛使用的 CUBC 和 EC,将控制台与场内交易员连接,完全取代了跑单员的工作,使得交易的速度和准确性大大提高了。

跑单员的制服的颜色为金色外套。

5. 交易所雇员

交易池内的交易所雇员有:交易池监督和报价员。

交易池监督确保交易池秩序正常,使交易能够在公开、公平和公正的原则下进行。一旦发现交易中的问题,及时通知相关行政部门或直接上报交易委员会。

报价员将最后成交的价格输入计算机,最后的价格通过网络显示在报价屏上,所有的场内交易员都可以看到。同时,这些数据也会在第一时间传给数据提供商(如美联社、路透社等),通过数据提供商传至世界各个需要的角落。

美国 CME 交易所内的人员构成见图 5-9。

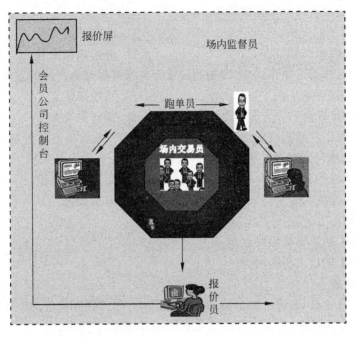

图 5-9　美国 CME 交易所内的人员构成

本 章 要 点

1. 外汇期货交易的概念及特点、外汇期货市场的构成及交易规则。

2. 外汇期货交易方式及流程，包括场外交易及流程、场内交易系统及流程，以及电子自动撮合系统。

3. 外汇期货交易的应用，包括外汇期货交易的主要功能、外汇期货套期保值，以及外汇期货投机的操作。

本 章 思 考 题

一、填空题

1. 外汇期货交易是通过买卖_____的外汇期货合约来进行的外汇交易。

2. 外汇期货市场一般由_____、_____、_____、_____、_____构成。

3. _____交易适用于进口商、短期外汇负债者，而_____交易适用于出口商、应收款的外汇债权者。

二、选择题

1. 目前，公认的世界上最早进行外汇期货交易的外汇期货交易所是（　　）。

　　A. 芝加哥商品交易所　　　　　　　　B. 伦敦国际金融期货交易所

　　C. 新西兰期货交易所　　　　　　　　D. 新加坡国际外汇交易所

2. (   )通常使用标准化的合约。

    A. 远期外汇交易   B. 即期外汇交易

    C. 外汇期货交易   D. 外汇期权交易

3. (   )也称为追加保证金,即初始保证金与维持保证金之间的差额。

    A. 初始保证金   B. 原始保证金

    C. 维持保证金   D. 变动保证金

4. (   )是指在期货市场上先卖出某种货币期货,然后买进该种货币期货,以抵消现汇汇率下跌而给持有的外汇债权带来的风险。

    A. 买入套期保值   B. 卖出套期保值

    C. 多头投机   D. 空头投机

三、简答题

1. 简述外汇期货交易的特点。

2. 简述外汇期货市场的功能。

四、案例分析

1. 某年 3 月 6 日,美国一出口商向加拿大出口一批货物,价值 500000 加元,以加元结算,3 个月后收回货款,若 3 个月后加元贬值,试分析以下问题。

(1) 如果不采取任何保值措施,该美国出口商将会面临损失还是收益?

(2) 该损失是否可以弥补?方法是什么?

(3) 该美国出口商如何利用外汇期货交易来防范汇率风险?

2. 某年 2 月 15 日,甲、乙二投机者对期货价格走势进行了预测,甲认为加元期货价格将升高,乙认为加元期货价格将走低,二人分别根据自己的预测判断情况各进行了一份加元期货投机。设 2 月 15 日他们买卖 3 月期加元期货的成交价都是每份 0.8450 美元,到 3 月 9 日,4 月份期货价格的结算价为每份 0.8500 美元,试分析以下问题。

(1) 甲、乙二人分别进行了何种交易?

(2) 到 3 月 9 日收盘后,二人账面损益分别为多少?为什么?

五、实训题

1. 美国某公司在 3 月份买进英国分公司设备 100 万英镑,双方商定 3 个月后付款。美国公司担心 3 个月内英镑升值,公司会支付更多的美元货款。为此,美方决定通过期货市场防范风险。若 3 月份即期汇率为 1 英镑=1.8000 美元,此时期货价格(6 月份到期)为 1 英镑=1.9500 美元,如果不考虑佣金、保证金及利息,计算该进口商的盈亏。(假设 6 月份即期汇率为 1 英镑=1.9800 美元,此时 6 月份到期的期货价格为 1 英镑=2.1500 美元。)

2. 假定某美国公司一个月后有一笔外汇收入 500000 英镑,即期汇率为 1 英镑=1.3250 美元,为避免一个月后英镑贬值的风险,决定卖出 8 份一个月后到期的英镑期货合同,成交价为每份 1.3220 美元。一个月后英镑果然贬值,即期汇率为 1 英镑=1.2800 美元,相应地,英镑期货合约的价格下降到每份 1.2820 美元。假设不考虑佣金、保证金及利息,计算该公司的盈亏。

3. 某年 3 月 6 日,美国一个出口商向加拿大出口一批货物,价值 500000 加元,以加元结算,3 个月后收回货款,美国出口商用外汇期货交易来防范汇率风险(一份加元期货合约的标准价值为 100000 加元),3 月 6 日有关的价格为:即期汇率为 1 美元＝1.1779 加元,6 月份加元期货价格为每份 0.8490 美元。

假设不考虑佣金、保证金及利息,计算该出口商的盈亏。

(假设 6 月 6 日的即期汇率为 1 美元＝1.1755/65 加元,6 月份期货价格为每份 0.8498 美元。)

4. 美国一家公司预计一个月后将有一笔外汇收款 5000000 英镑,当时现汇市场上英镑汇率为 1 英镑＝1.1620 美元,该公司为了避免一个月后英镑贬值所带来的损失,决定在外汇期货市场卖出 80 份一个月后到期的英镑期货合同,价值 5000000 英镑(62500 英镑×80),成交价为 1 英镑＝1.1545 美元。一个月后,英镑果然贬值,即期汇率为 1 英镑＝1.1460 美元,相应地,期货市场上汇率下降为 1 英镑＝1.1350 美元。假设不考虑交易佣金及保证金等因素,计算卖出对冲的盈亏额。

第六章

外汇期权交易

知识目标

1. 了解外汇期权交易的概念；
2. 了解外汇期权费的影响因素；
3. 掌握外汇期权交易的应用。

技能目标

1. 学会外汇期权套期保值的操作方法；
2. 学会外汇期权投机套利的操作方法。

学习导航

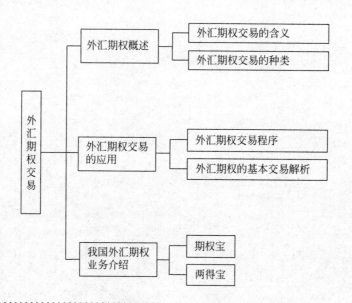

课前导读

就在各家银行为自己的外汇理财产品摇旗呐喊的同时，外汇专家告诉记者，其实除了购买现成外汇理财产品和炒汇之外，有实力的市民还可以关注一下外汇期权业务。期权业务分为买入期权和卖出期权两种，客户卖出期权的期限固定为一周、两周、一个月和三个月；客户买入期权的最长期限为两周，最短为一天，期限较短，特别适合于短线操作。

一般而言,某一货币利率上升的前期都会带来该货币汇率的上升,投资者只要把握好时机,基于自己对外汇汇率走势的判断,选择看涨或看跌货币,一定会得到丰厚的回报。专家建议,在目前美元利率逐步走强,投资者可以购买一部分外汇产品,同时留足一部分外汇资金,根据自己的判断,在征求外汇专家意见的基础上,适当尝试外汇期权业务,说不定会有意外的惊喜。

通过这则新闻可以看出,外汇期权业务已经离我们的生活越来越近。那么什么是期权业务,如何进行操作以达到保值增值的目的?本章从外汇期权的基础知识出发,详细阐述影响外汇期权价格的主要因素,以及外汇期权交易的具体应用。

第一节　外汇期权概述

一、外汇期权交易的含义

外汇期权(Option)是一种选择权合约,它授予期权买方在合约期内,按照协定汇率买入或出售一定数额的某种外汇资产的权利,卖方收取期权费,并有义务应买方要求卖出或者买入该币外汇。期权买方获得的是一种权利而不是义务,如果市场行情对买方不利,他可以不行使权利,使其到期作废,损失的只是预付的期权费。

1982 年 12 月,外汇期权交易在美国费城股票交易所率先开展,其后芝加哥商品交易所、阿姆斯特丹欧洲期权交易所和加拿大的蒙特利尔交易所、伦敦国际金融期货交易所等都先后开办了外汇期权交易。目前,美国费城股票交易所和芝加哥期权交易所是世界上具有代表性的外汇期权市场,经营的外汇期权种类包括英镑、瑞士法郎、加拿大元等。

外汇期权交易是客户对未来外汇资金进行保值的有效手段。在到期日或之前,期权的买方有权利决定是否按照合同约定价格买入或卖出一定数量的外汇。为了获得这一权利,期权的买方需要在交易之初付出一笔费用,如果合同期满期权的买方不行使权利,则权利失效,费用并不退还。外汇期权交易与远期外汇买卖的不同在于:远期外汇买卖将未来的换汇成本锁定,完全回避风险,不论有利的机遇还是不利的风险;而外汇期权交易则是管理风险,即以一定的费用规避不利的风险,同时保留有利的机遇以从中获利。

【例 6-1】

某人以 1000 美元的权利金买入了一张价值 100000 美元的欧元/美元的欧式看涨合约,合约规定期限为 3 个月,执行价格为 1.1500。3 个月后的合约到期日,欧元/美元汇率为 1.1800,则此人可以要求合约卖方以 1.1500 卖给自己价值 100000 美元的欧元,然后他可以再到外汇市场上以 1.1800 的汇率抛出,所得赢利减去最初支付的 1000 美元即是其最后的赢利。如果买入期权合约 3 个月后,欧元/美元汇率为 1.1200,此时执行合约还不如直接在外汇市场上买合算,此人于是可以放弃执行合约的权利,损失最多 1000 美元。

二、外汇期权交易的种类

1. 按照期权所赋予的权利分,可分为买入期权和卖出期权

(1) 买入期权(Call Option)也称看涨期权,是指期权买方有权在合约有效期内按照

协定价格买入某一特定数量的外汇资产的权利,但不同时负有必须买进的义务。为了取得这些权利,期权购买者在购买期权时付给卖者一定数量的期权费。当人们预测某种外汇资产价格要上涨,他就会买入这种看涨期权,如果市场汇率涨到协定汇率之上,则期权买方可要求履约;反之可以不履行合约。

(2) 卖出期权(Put Option)也称看跌期权,是指期权买方有权在合约有效期内按照协定价格卖出某一特定数量的外汇资产的权利,但不同时负有必须卖出的义务。为了取得这些权利,期权购买者在购买期权时付给卖者一定数量的期权费。当人们预测某种外汇资产价格要下跌,他就会买入这种看跌期权,如果市场汇率下跌到协定汇率之下,则期权买方可要求履约;反之可以不履行合约。

【例 6-2】

某美国进口商从英国进口一批货物,3 个月后将支付 16 万英镑。假定签订进口合同时的即期汇率为 1 英镑=1.6 美元(即协定汇率 1 英镑=1.6 美元),该进口商为避免 3 个月后英镑升值造成损失,以 1600 美元的期权费买入欧式期权保值。3 个月后可能会出现三种情况:英镑升值、英镑贬值、英镑汇价不变。

问:该进口商应如何操作? 其损益情况如何?

分析:

(1) 若英镑升值,则该进口商履行期权。

若 3 个月后的即期汇率为 1 英镑=1.65 美元,该进口商履行期权后可节省 6400 美元,即 $160000 \times 1.65 - 160000 \times 1.6 - 1600 = 6400$(美元)。

(2) 若英镑贬值,则该进口商放弃期权。

若 3 个月后的即期汇率为 1 英镑=1.55 美元,该进口商放弃期权后可节省 6400 美元,即 $160000 \times 1.6 - 160000 \times 1.55 - 1600 = 6400$(美元)。

(3) 若英镑汇价不变,仍是 1 英镑=1.6 美元,则该进口商既可以履行期权,也可以放弃期权,其损失仅仅是 1600 美元的期权费。

【例 6-3】

瑞士某出口商向美国出口一批机器设备,3 个月后收货款 180 万美元。假如签订出口合同时的即期汇率为 1 美元=1.35 瑞士法郎(即协定汇价为 1 美元=1.35 瑞士法郎),该出口商为避免 3 个月后美元贬值造成损失,以 3600 瑞士法郎的期权费买入欧式期权保值。3 个月后可能会出现三种情况:美元升值、美元贬值、美元汇率不变。

问:该出口商应如何操作? 其损益情况如何?

分析:

(1) 若美元升值,则该出口商放弃期权。

若 3 个月后的即期汇率为 1 美元=1.40 瑞士法郎,该出口商可获得 86400 瑞士法郎,即 $1800000 \times 1.40 - 1800000 \times 1.35 - 3600 = 86400$(瑞士法郎)。

(2) 若美元贬值,则该出口商履行期权。

若 3 个月后的即期汇率为 1 美元=1.30 瑞士法郎,该出口商可获得 86400 瑞士法郎,即 $1800000 \times 1.35 - 1800000 \times 1.30 - 3600 = 86400$(瑞士法郎)。

（3）若美元汇价不变,仍是 1 美元=1.35 瑞士法郎,则该出口商既可以履行期权,也可以放弃期权,仅损失是 3600 瑞士法郎的期权费。

2. 按照期权执行的时间分,可分为美式期权和欧式期权

（1）美式期权是指期权买方在支付一定期权费给卖方后,合约赋予他充分的权利,使他可以在定约日至合约到期日(含到期日)之间任何时间执行期权,即买方在此期间内可随时要求卖方卖出或买入某种外汇资产。

（2）欧式期权是指期权买方在支付一定期权费给卖方后,只能在规定的到期日才能要求卖方履约,执行其权利。

相对而言,美式期权为买方提供更多的选择机会,相应地,卖方承担的风险也大一些,因此,买方需要支付更多的期权费。而欧式期权较为刻板,但期权卖方的风险要小些,因而欧式期权的期权费较为便宜。

【例 6-4】

一家公司于 3 月 1 日购买了一份 6 月 1 日到期的欧式期权,它将在什么时间行使其权利? 若其购买的是美式期权,又将在什么时间行使其权利?

分析:如果公司购买的是欧式期权,公司只能在合约到期日即 6 月 1 日要求卖方履约。如果公司购买的是美式期权,公司可以在 3 月 1 日—6 月 1 日任何时间要求卖方执行期权。

3. 按约定价格与市场条件关系分,可分为溢价期权、平价期权和损价期权

（1）溢价期权是指买权的执行价格低于市场价格,卖权的执行价格高于市场价格,即协定价格好于市场价格。

（2）平价期权是指执行价格与市场价格相等。

（3）损价期权是指买权的执行价格高于市场价格,卖权的执行价格低于市场价格,即市场价格好于协定价格。

当期权合约进入溢价时,买方可行使期权以高价卖出获利;当期权进入损价时,买方因为无利可图而放弃行使期权。

4. 按照交易地点分,可分为场内期权和场外期权

（1）场内期权也称交易所期权,是指在外汇交易中心与期货交易所进行交易的期权。

（2）场外期权也称柜台式期权、店头期权,是指在外汇交易中心与期货交易所之外进行交易的期权。

第二节 外汇期权交易的应用

外汇期权交易者进行期权交易的目的有两个:一是保值;二是投资(投机)赢利。因此,外汇期权交易的操作技巧也可以分为套期保值和投资(投机)两个方面。

　　但是,由于保值与投资(投机)在一个期权合约中是相互渗透的,因而并没有严格的界限。对于进出口商和公司来讲,进行外汇期权交易是为了规避外汇风险,实现保值的目的;对于投资(投机)者而言,则是为了进行单独的期权投资,进行套利。

　　外汇期权交易业务有一定的处理程序,下面我们介绍一下外汇交易业务程序。

一、外汇期权交易程序

　　外汇期权交易业务在我国办理程序如下:

　　(1) 与银行签订《保值外汇买卖总协议》。

　　(2) 在期权金交收日到银行缴纳协议规定的期权费。

　　(3) 在期权到期日上午10:00前将书面的行使期权通知送达银行,否则有关期权将自动失效。

　　(4) 客户行使期权后,于期权交割日到银行办理期权交割手续。

　　外汇期权买卖业务流程如图 6-1 所示。

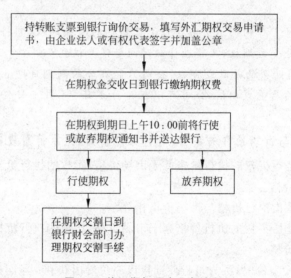

图 6-1　外汇期权买卖业务流程

二、外汇期权的基本交易解析

　　外汇期权交易有四种基本交易类型:买入看涨期权、买入看跌期权、卖出看涨期权和卖出看跌期权。下面分别举例说明。

(一)买入看涨期权

　　买入看涨期权又称多头买权。当期汇率上涨时,可买入看涨期权,若有空头的现货或期货头寸,可以达到避险保值的目的;若没有,可以达到投资谋利的目的。在汇率上涨时,买方赢利无限;汇率不变或下跌时,买方的最大损失为已支付的期权费。

【例 6-5】

一个美国进口商向英国公司进口一批商品,约定 90 天后向英国出口商支付 100 万英镑的货款,假设市场上的即期汇率 1 英镑＝1.5200 美元。为了避免汇率上涨的风险,该进口商可以利用远期或期货进行保值,但如果英镑贬值,他无法从中得利。于是就买入 100 万英镑的看涨期权,期限 3 个月,协定汇率 1 英镑＝1.5200 美元,进口商支付期权费 2 万美元。3 个月后,市场汇率可能出现以下三种情况:①英镑升值;②英镑贬值;③英镑汇率不变。

思考:在不同情况下,该美国进口商应如何操作? 其损益情况如何?

分析:

(1)对于第一种情况,若市场汇率大于等于 1.5200 美元,即 1 英镑＝1.6200 美元,那么,该进口商执行买权,因为购入 1 英镑只需要 1.5200 美元,该笔货款所支付的成本锁定在 152 万美元。减去 2 万美元的期权费,还可以节约成本 8 万美元。若不执行期权,按照市场汇率必须支付 162 万美元,多支付 10 万美元。若是单独投资期权,以 1.5200 美元执行期权,又以 1.6200 美元的市价卖出 100 万英镑,可以获利 10 万美元。

(2)对于第二种情况,若是 1 英镑＝1.4200 美元,期权的买方可以放弃英镑买权,直接去银行以较低的市价购买英镑,只需要付 142 万美元,加上 2 万美元期权费,节省成本 8 万美元。

(3)对于第三种情况,汇率不变,该进口商可以执行其权合约,也可以放弃,仅损失 2 万美元的期权费。

(二)买入看跌期权

买入看跌期权又称多头卖权。当预期市场汇率即将下跌时可以买入看跌期权,如有对等现货或期货多头头寸,可以达到避险保值的目的,若没有,可以单独投资期权而谋利。在市场汇率下跌时买方赢利无限,汇率不变或上涨时,买方的最大损失为已支付的期权费。

【例 6-6】

某美国出口商向英国出口,半年后将有一笔 100 万英镑的外汇收入,假设市场上的即期汇率是 1 英镑＝1.5300 美元,该出口商担心半年后收到英镑时,英镑汇率下跌,于是买入一个英镑看跌期权。协定汇率 1 英镑＝1.5300 美元,期权费为 3 万美元。半年后可能出现以下三种情况:①英镑贬值;②英镑升值;③英镑汇率不变。

思考:在不同情况下,该美国出口商应如何操作? 其损益情况如何?

分析:

(1)对于第一种情况,当英镑市场汇率小于等于 1.5300 美元,跌至 1.5000 美元以下,假设 1 英镑＝1.4300 美元,执行期权,100 万英镑可以得到 153 万美元,减去期权费 3 万美元,得到 150 万美元外汇收入,避免因为汇率下跌而蒙受的外汇收入损失。若不做期权,按照市价出售英镑,只能得到 143 万美元的外汇实际收入。若是单独投资看跌期权,在现货市场上以 1.4300 美元买入英镑,并以 1.5300 美元执行卖出期权,可以得到

10 万美元的利润,减去期权费 3 万美元,净利 7 万美元。

（2）对于第二种情况,英镑汇率大于等于 1.5300 美元,假设市场汇率 1 英镑＝1.6300 美元,则出口商放弃执行看跌期权,100 万英镑的货款在现货市场上出售可得到更高的收益,即得到 163 万美元,扣除 3 万美元的期权费,还多增加 7 万美元的外汇收益。

（3）对于第三种情况,汇率不变,协定汇率等于市场汇率。买方可以执行也可以不执行期权合约,出口商损失最多为 3 万美元期权费。

（三）卖出看涨期权

卖出看涨期权又称空头买权。交易者预期汇率平稳或下跌时,投资者可以卖出买权（买方不会执行期权）,卖方可以赚取期权费。在汇率不变或下跌时,卖方的利润以收取的期权费为限,汇率上涨时,卖方损失无限。

【例 6-7】

沿用例 6-6,思考三种情况下期权卖方的损益。

分析:

（1）对于第一种情况,如果到期日市场汇率小于 1.5200 美元,期权的买方会放弃执行期权合约,而以较低的市场价购买英镑。卖方可得到当初收取的期权费,即 2 万美元,这是卖方的最大收益。

（2）对于第二种情况,如果到期日市场汇率大于等于 1.5200 美元,且小于等于 1.5400 美元,期权买方执行期权,卖方将发生损失,须把期权费考虑进去,以确保全部收益。如果到期日市场价格为 1.5300 美元,则期权卖方将以 1.5300 美元的价格用 153 万美元从现货市场买入 100 万英镑,这样会有 1 万美元（153 万－152 万）的损失,但当初已收取期权费 2 万美元,扣除损失 1 万美元,仍可得到 1 万美元的收益。

（3）对于第三种情况,英镑的市场汇率大于且等于 1.5400 美元,期权买方要求执行期权合约时,卖方将遭受巨大损失,英镑市场汇率上涨得越多,卖方的损失越大。他只能应买方的选择,以 1.5200 美元的低价出售英镑,而且很可能得按高价的市场汇率购买英镑来卖给期权的买方,其损失的程度是无限的。

（四）卖出看跌期权

卖出看跌期权又称空头卖权。预期市场汇率平稳或上涨时,投资者可卖出卖权,同时买方在这种情况下不会执行期权,卖方就可以赚取期权费。

【例 6-8】

沿用例 6-7,思考三种情况下期权卖方的损益。

分析:

（1）对于第一种情况,如果英镑的市场汇率大于等于 1.5300 美元时,期权买方不执行期权,那么卖方就可以得到 USD0.03/GBP1 的收益,即 3 万美元的期权费收益,这是卖方的最大收益。

（2）对于第二种情况,如果英镑的市场汇率大于等于 1.5000 美元,且小于等于 1.5300 美元,期权买方执行期权,卖方加计期权费,则整体上能确保收益。例如,当市场汇率 GBP1＝USD1.5200 时，期权卖方按照协定价格 GBP1＝USD1.5300 卖出 100 万英镑，卖方虽然有 1 万美元的损失，但其收取的期权费为 3 万美元，仍有 2 万美元的收益。如果市场汇率为 GBP1＝USD1.5100，卖方仍有 1 万美元的收益。

（3）对于第三种情况，如果英镑外汇市场汇率小于等于 1.5000 美元时，期权买方会执行期权，卖方将遭受损失。英镑汇率下跌幅度越大，卖方的亏损越大，其亏损风险是无限的，而赢利则以其所收取的期权费为限。

第三节　我国外汇期权业务介绍

随着我国经济的不断发展，我国银行的外汇交易品种也越来越丰富。下面以中国银行为例，对我国国内外汇期权业务进行简单介绍。

中国银行借鉴国际金融市场外汇期权产品的模式，结合国内市场个人实盘外汇业务发展的特点，推出了期权宝和两得宝这两种技术含量高、同国际金融市场接轨的、全新的私人理财业务品种。

一、期权宝

期权宝是指客户按照自己账户中的存款金额，根据自己对外汇汇率未来变动方向的判断，向银行支付一定金额的期权费后买入相应面值、相应期限和规定执行价格的期权（买权或卖权），期权到期时如果汇率变动对客户有利，则客户通过执行期权可获得较高的投资收益；如果汇率变动对客户不利，则客户可选择不执行期权。

产品优点如下：

（1）为炒汇客户增加了双方向交易的可能，即汇率无论上升还是下降，都有赢利机会。

（2）投资收益率可以成倍扩大。

（3）买入一个期权（无论看涨还是看跌）的好处是，成本固定而潜在收益（理论上）有可能是无限的。

（4）风险有限。如果客户对未来汇率的变动方向判断错误，则仅损失期权费。

【例 6-9】

假定当前美元兑日元汇率为 1∶86.00，客户预期美元兑日元两周后大幅升值可能性很高，于是买入看涨美元看跌日元的期权。

客户选择以 5 万美元作为期权面值进行期权宝交易，客户同银行签订《中国银行股份有限公司个人外汇期权交易章程》《中国银行个人外汇"期权宝"业务协议书》，确定期权的协定汇率为 1∶86.00，期限为 2 星期。

根据期权费率即时报价（如 1%）交纳期权费为 500 美元（50000×1%），客户买入此期权的含义是：期权到期日不论汇率如何变化，客户都有权按 1∶86.00 的协定汇率买入 5 万美元，即客户拥有一个看涨美元看跌日元的期权。

盈亏情况分析如下。

情况一：客户选择到期前平仓，即卖出所购买的期权。

如果期权到期日之前该期权报价变为 1.5%，则客户可选择卖出手中的这个看涨美元看跌日元期权，收取期权费 750 美元（50000×1.5%），总赢利为 250 美元（750－500），投资回报率为 50%（250/500）。

情况二：客户选择持有该期权到期。

期权到期时，如果即时汇率变为 1∶91.00 即美元兑日元升值，则客户执行该期权，每 1 美元可获利 5 日元（91.00－86.00），5 万美元面值共可获利 25 万日元，在客户选择轧差交割的情况下，则银行将 25 万日元按照到期日即时汇率 91.00 折成 2747.25 美元（25 万/91.00）划入客户指定账户，投资回报率为 449%（（2747.25－500）/500）。客户如选择实物交割，则客户可以按 1∶86.00 的汇率卖出 5750000 日元获得 50000 美元。

情况三：期权到期时，如果即时汇率低于或等于 86.00，则客户手中的期权没有收益，客户可放弃执行该笔期权。

二、两得宝

两得宝是指客户存入一笔定期存款的同时根据自己的判断向银行卖出一份期权，客户除收益定期存款利息（扣除利息税）之外还可得到一笔期权费。期权到期时，如果汇率变动对银行不利，则银行不行使期权，客户可获得高于定期存款利息的收益；如果汇率变动对银行有利，则银行行使期权，将客户的定期存款按协定汇率折成相对应的挂钩货币。

产品优点：在外汇定期存款利率非常低的情况下可以增加投资收益。在外汇市场汇率出现横盘整理的行情时也可以获得收益。

风险：如果客户对未来汇率的变动方向判断错误，则手中的存款将被兑换成另一种挂钩货币存款。

【例 6-10】

假定当前美元兑日元汇率为 1∶86.00，客户存款货币是美元 10 万元，客户判断美元兑日元未来 1 个月将横盘整理或小幅下跌，遂选择"两得宝"投资，向银行卖出一份期权，期限是 1 个月，存款货币是美元，指定挂钩货币是日元。

签约日美元兑日元汇率是 1∶86.00，客户以此为协定汇价同银行签订《中国银行个人外汇期权交易章程》《中国银行个人外汇"期权宝"业务协议书》，指明挂钩货币是日元。此期权的含义是：银行在到期日有权按 1∶86.00 的汇率将客户的美元存款折成日元。

客户向银行卖出此笔期权，除可以得到 1 个月美元定期存款利息外，还可获得一笔额外的期权费收入。例如，交易日银行的两得宝期权费率报价为 1.5%，则客户可得到期权费 1500 美元（100000×1.5%）。期权费由银行在交易日后的第二个工作日划入客户指定账户。

期权到期日若汇率变为 1∶80.00，则银行不执行期权，客户的定期存款账户中仍为 10 万美元。

如果到期日汇率高于或等于 1∶86.00,则银行将行使期权,按协定汇率 1∶86.00 将客户的 10 万美元定期存款折成 8600000 日元(100000×86.00)。

本 章 要 点

1. 外汇期权是一种选择权合约,它授予期权买方在合约期内,按照协定汇率买入或出售一定数额的某种外汇资产的权利,卖方收取期权费,并有义务应买方要求卖出或者买入该币外汇。

2. 按照期权所赋予的权利分买入期权、卖出期权;按照期权执行的时间分美式期权、欧式期权;按约定价格与市场条件关系分溢价期权、平价期权、损价期权;按照约定价格与市场条件关系分为溢价期权、平价期权和损价期权;按照交易地点分场内期权、场外期权。

3. 外汇期权交易有四种基本交易类型:买入看涨期权、买入看跌期权、卖出看涨期权和卖出看跌期权。通过掌握外汇期权交易的盈亏分析,我们能够对外汇期权四种基本交易进行正确的分析和操作。

4. 以中国银行为例,对我国国内外汇期权业务进行简单介绍。

本章思考题

一、填空题

1. 外汇期权(Option)是一种_____合约,它授予期权买方在合约期内,按照协定汇率买入或出售一定数额的某种外汇资产的权利,卖方收取_____,并有义务应买方要求卖出或者买入该币外汇。

2. 按照期权所赋予的权利分_____、_____。

3. 外汇期权交易有四种基本交易类型:_____、_____、_____和_____。

二、选择题

1. 在期权交易中,需要支付保证金的是期权的(　　)。

　　A. 买方　　　　　　B. 卖方　　　　　　C. 买卖双方　　　　D. 第三方

2. 合同买入者获得了在到期以前按协定价格出售合同规定的某种金融工具的权力,这种行为称为(　　)。

　　A. 买入看涨期权　　　　　　　　B. 卖出看涨期权

　　C. 买入看跌期权　　　　　　　　D. 卖出看跌期权

3. 买方可以不履行外汇买卖合约的是(　　)。

　　A. 远期外汇业务　　　　　　　　B. 择期业务

　　C. 外币期权业务　　　　　　　　D. 掉期业务

三、案例分析

1. 若投资者预期欧元在 3 个月内将贬值,则该投资者按照协定汇率 EUR/USD＝1.1500 买入 3 个月期 100 万欧元欧式期权,期权费为每欧元 0.02 美元。

问题：投资者该如何操作？

2. 假设某投资者以协定汇率为 GBP/USD＝1.5500 买入英镑看涨期权，同时以协定汇率为 GBP/USD＝1.5200 买入一个英镑看跌期权，其中看涨期权的期权费为每英镑 0.03 美元，看跌期权的期权费为每英镑 0.02 美元，金额都为 100 万英镑，到期日相同。

问题：分别对以下三种情况分析投资者的损益情况。

(1) 到期日英镑汇率上涨(GBP/USD＝1.5700)。

(2) 到期日英镑汇率下跌(GBP/USD＝1.5000)。

(3) 到期日英镑汇率不变(GBP/USD＝1.5500 或 GBP/USD＝1.5200)。

四、简答题

1. 简述外汇期权的含义。

2. 简述影响期权费的因素有哪些？

五、实训题

实训目的：能够熟练运用外汇期权理财产品进行投资理财。

实训方式：网上搜索，实际调查。

实训内容：调查中国各家银行的外汇期权理财产品，能够掌握各个理财产品的特点，并分析出优劣势。在不同的资产组合下，可以选出对资产增值最优的外汇期权理财产品，并能够投资增值。

第七章

技 术 分 析

知识目标

1. 掌握基本技术图形及图形组合的含义；
2. 掌握主要技术的使用方法。

技能目标

1. 能根据技术图形对汇率的未来走势做出大致的判断；
2. 能根据技术指标对汇率的未来走势做出大致的判断。

学习导航

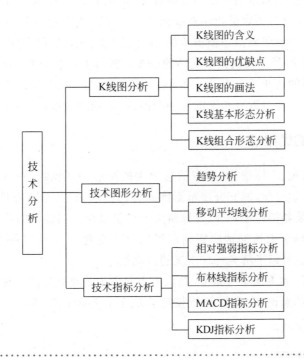

课前导读

汇市评论——外汇宝看盘

欧元兑美元：日线图上,欧元兑美元慢速KD指标超卖区域后形成金叉,SAR指标高位下滑,短期均线空头排列,预计欧元在承压走低至1.30～1.3030 的支撑水平后有望再度企稳回升,不过汇价的反弹力度可能较为有限。

澳元兑美元:日线上,澳元兑美元慢速 KD 指标接近超卖区域横向整理,短期均线空头排列,SAR 指标高位下滑,预计澳元守住下方支撑 1.0250 一线在反弹至中期下降趋势线切入位 1.0350 附近后可能再度承压走低,整体弱势格局并未改变。

美元兑日元:日线图上,美元兑日元 KD 指标中部区域死叉下行至超卖区域,5 日均线与 10 日均线持续走低,SAR 指标高位一路回调,预计汇价短线在惯性下破 81.50～83.50 的震荡区间后可能沿着下降趋势线进一步走低至 80 心理关口。

从上述汇评可以看出除了受基本面因素影响外,汇率在变化过程中往往还会遇到支撑或阻力。如何准确把握汇率走势的规律呢? 这需要进一步利用本章介绍的技术分析方法加以判断。

第一节　K 线图分析

一、K 线图的含义

K 线图又称阴阳图或蜡烛图。K 线图源于日本德川幕府时代大阪的米商,被当时日本米市的商人用来记录米市的行情与价格波动,后因其细腻独到的标画方式被引入股市及期货市场。目前,这种图表分析法在我国以至整个东南亚地区尤为流行。由于用这种方法绘制出来的图表形状颇似一根根蜡烛,加上这些蜡烛有黑白之分,因而也叫阴阳线图表。一根 K 线记录的是一天内价格变动的情况。将每天的 K 线按时间顺序排列在一起,就组成了汇率价格的历史变动情况。K 线将买卖双方力量的增减与转变过程及实战结果用图形表示出来。经过近百年来的使用与改进,K 线理论被投资者广泛接受。

二、K 线图的优缺点

K 线图具有直观、立体感强、携带信息量大的特点,它吸收了中国古代阴阳学说,蕴涵着丰富的东方哲学思想,能充分显示汇价趋势的强弱、买卖双方力量平衡的变化,预测后市走向较准确,是各类传播媒介、计算机实时分析系统应用较多的技术分析手段。

(1) 优点:能够全面透彻地观察到市场的真正变化。从 K 线图中既可以看到汇价(或大市)的趋势,也可以了解到每日市况的波动情形。

(2) 缺点:①绘制方法十分繁复,是众多走势图中最难制作的一种;②阴线与阳线的变化繁多,对初学者来说,在掌握分析技巧方面会有相当的困难,不及柱线图那样简明了。

三、K 线图的画法

K 线图是根据汇价一天的走势中形成的四个价位,即开盘价、收盘价、最高价和最低价绘制而成的。K 线图的基本绘制方法是:①画线包括开盘价、收盘价、最高价和最低价;②开盘价与收盘价之间用粗线表示,称为实体;③如果收盘价比开盘价高,则实体用红色表示,称为阳线(见图7-1的左图);④如果收盘价比开盘价低,则实体用绿色表示,称为阴线(见图7-1的右图);⑤如果当天的汇价超过实体的部分,用细线画出,称为上影线;比实体的低价还低的部分,也用细线画出,称为下影线。其记录方法如图7-1所示。

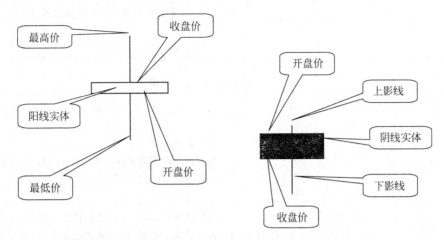

图 7-1　K 线图

四、K 线基本形态分析

不同的 K 线形态代表外汇市场上买卖双方当日交战的结果。阳烛(阳线)中空,表示该时段中收盘价高于开盘价;阴烛(阴线)有一段实心的阴影,表示收盘价低于开盘价。烛顶和烛底反映该时段中的最高价、最低价。根据开盘价、收盘价、最高价以及最低价之间的不同情况,阴线和阳线会呈现不同的形态。

炒汇者要想根据已发生的交易分析未来交易时机,那么就必须了解并掌握日 K 线基本形态中蕴涵的实际意义。K 线图的独到之处在于,利用单日的 K 线形态即可初步判断市场的强弱。下面介绍几种基本的 K 线形态,见表7-1～表7-6。

(一)阳线基本形态分析

表 7-1　大阳线基本形态分析

基 本 形 态	名　称	形 态 意 义
	大(全)阳线	(1) 开盘价与最低价相同,收盘价与最高价相同 (2) 没有上下影线 (3) 表示市场内多方占据着绝对主力,涨势强烈,气势如虹
	大阳下影线	(1) 收盘价与最高价相同,小段下影线 (2) 汇价稍作下探即被拉回,表示多方力量占优,下档买盘强劲 (3) 下影线越长,表示多方力量越强

续表

基 本 形 态	名　称	形 态 意 义
	大阳上影线	(1) 开盘价与最低价相同,小段上影线 (2) 汇价试图创下高点,但上方卖出压力沉重,汇价回落 (3) 上影线越长,表示卖出压力越大,反转意味更大。

表 7-2　小阳线基本形态分析

基 本 形 态	名　称	形 态 意 义
	小阳线	(1) 上下影线长度基本相同 (2) 表示多空双方争夺激烈,多方仍占据一定优势,但空方的力量不可小视
	上影阳线 (顶部:射击之星形态) (底部:倒锤线形态)	(1) 上影线很长,至少是阳线实体长度的2~3倍 (2) 表示虽处于优势,但已处于强弩之末,是强烈的反转形态 (3) 此形态如出现在近期汇价顶部,反转意义更强。
	下影阳线 (顶部:上吊线形态) (底部:锤子线形态)	(1) 下影线很长,至少是阳线实体长度的2~3倍 (2) 表示多方处于优势,并且有多方买盘不断加入,推高汇价 (3) 此形态如出现在近期汇价底部,是强烈的反转信号,应引起注意

(二) 阴线基本形态分析

表 7-3　大阴线基本形态分析

基 本 形 态	名　称	形 态 意 义
	大(全)阴线	(1) 开盘价与最高价相同,收盘价与最低价相同 (2) 没有上下影线 (3) 表示市场内空方占据着绝对主力,汇价持续走跌
	大阴下影线	(1) 开盘价与最高价相同,小段下影线 (2) 汇价试图创下低点,但下方买盘压力沉重,汇价回升 (3) 下影线越长,表示买压越大,反转意味更大
	大阴上影线	(1) 收盘价与最低价相同,小段上影线 (2) 汇价稍作上扬即被拉回,表示空方力量占优,上档卖盘强劲 (3) 上影线越长,表示空方力量越强。

表 7-4 小阴线基本形态分析

基 本 形 态	名 称	形 态 意 义
	小阴线	(1) 上下影线长度基本相同 (2) 表示多空双方争夺激烈,空方仍占据一定优势,但多方的力量不可小视
	上影阴线 (顶部:射击之星形态) (底部:倒锤线形态)	(1) 上影线很长,至少是阴线实体长度的 2~3 倍 (2) 表示空方处于优势,并且有空方卖盘不断加入,推低汇价 (3) 此形态如出现在近期汇价顶部,是强烈的反转信号,应引起注意。
	下影阴线 (顶部:上吊线形态) (底部:锤子线形态)	(1) 下影线很长,至少是阴线实体长度的 2~3 倍 (2) 表示空方处于优势,但已经处于强弩之末,是强烈的翻转形态 (3) 此形态如出现在近期汇价的顶部,反转意义更强。

(三) 十字线基本形态分析

表 7-5 十字线基本形态分析

基 本 形 态	名 称	形 态 意 义
	十字线	(1) 开盘、收盘价相同 (2) 多空势均力敌 (3) 若此形态出现在顶部或底部,是强烈的反转形态;出现在长期盘整时期,是强烈的突破信号
	十字线	(1) 开盘、收盘价相同 (2) 多方力量占优 (3) 应密切注意后期 K 线形态发展
	十字线	(1) 开盘、收盘价相同 (2) 空方力量占优 (3) 应密切注意后期 K 线形态发展。

表 7-6 特殊十字线基本形态分析

基 本 形 态	名 称	形 态 意 义
	T 字线	(1) 开盘、收盘价相同 (2) 收盘价下方多方买盘积极,此价位多方有很强的支撑 (3) 底部出现此形态为强烈反转信号

续表

基 本 形 态	名　称	形 态 意 义
	倒 T 字线	(1) 开盘、收盘价相同 (2) 收盘价上方空方卖盘积极,此价位空方有很强的支撑 (3) 顶部出现此形态为强烈反转信号
	一字线	(1) 开盘、收盘、最高、最低价相同 (2) 此形态极少出现,若出现就是暴涨或暴跌的前兆

五、K 线组合形态分析

(一) 双 K 线组合形态分析

(1) 双 K 线组合 1。如图 7-2 所示,这是多空双方的一方已经取得决定性胜利,牢牢地掌握了主动权,今后将以取胜的一方为主要运动方向。图 7-2(a)是多方获胜,图 7-2(b)是空方获胜。第二根 K 线实体越长,超出前一根 K 线越多,则取胜一方的优势就越大。

(2) 双 K 线组合 2。如图 7-3(a)所示,一根阴线之后又一根跳空阴线,表明空方全面进攻已经开始。如果出现在高价附近,则下跌将开始,多方无力反抗;若在长期下跌行情的尾端出现,则说明这是最后一跌,是逐步建仓的时候了。第二根阴线的下影线越长,则多方反攻的信号越强烈。

图 7-3(b)正好与图 7-3(a)相反。如果在长期上涨行情的尾端出现,是最后一涨,第二根阳线的上影线越长,越是要跌了。

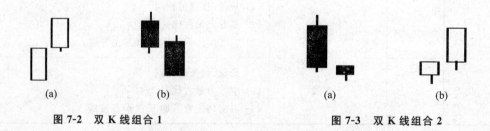

(a)	(b)	(a)	(b)
图 7-2　双 K 线组合 1		图 7-3　双 K 线组合 2	

(3) 双 K 线组合 3。如图 7-4(a)所示,一根阳线加上一根跳空的阴线,说明空方力量正在增强。若出现在高价位,说明空方有能力阻止汇价继续上升;若出现在上涨途中,说明空方的力量还是不够,多方将进一步创新高。

图 7-4(b)与图 7-4(a)完全相反。多空双方中多方在低价位取得一定优势,改变了前一天的空方优势的局面。今后的情况由是处在下跌行情中,还是处在低价位而定。

(4) 双 K 线组合 4。如图 7-5(a)所示,连续两根阳线,第二根的收盘不比第一根低,说明多方力量有限,汇价掉头向下的可能性大。

图 7-5(b)与图 7-5(a)正好相反。多方出现转机,汇价可能向上反弹一下。两种情况中上下影线的长度直接反映了多空双方力量的大小。

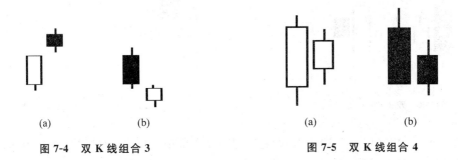

图 7-4 双 K 线组合 3   图 7-5 双 K 线组合 4

(5) 双 K 线组合 5。如图 7-6(a)所示,一根阳线被一根阴线吞没,说明空方已经取得决定性胜利,多方将节节败退,寻找新的抵抗区域。图 7-6(b)与图 7-6(a)正好相反,是多方掌握主动的局面,空方即将瓦解。

(6) 双 K 线组合 6。如图 7-7(a)所示,一根阴线吞没一根阳线,空方显示了力量和决心,但收效不大,多方没有伤元气,可以随时发动进攻。图 7-7(b)与图 7-7(a)刚好相反,多方进攻了,但效果不大,空方还有相当实力。同样,第二根线的上下影线的长度也是很重要的。

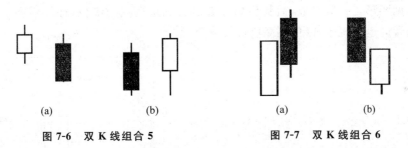

图 7-6 双 K 线组合 5   图 7-7 双 K 线组合 6

(7) 双 K 线组合 7。如图 7-8(a)所示,一根阴线后的小阳线,说明多方抵抗了,但力量相当弱,很不起眼,空方将发起新一轮攻势。图 7-8(b)与图 7-8(a)正好相反,空方弱,多方将发起进攻,再创新高。

(二) 三 K 线组合形态分析

(1) 早晨之星(见图 7-9)。早晨之星是典型的底部反转形态,通常出现在汇价连续大幅下跌和数浪下跌的中期底部或大底部。早晨之星由三根 K 线组成:第一天为长阴线,为下降趋势的继续;第二天是带上下影线的十字星,与第一天之间有一向下跳空缺口,收盘价与开盘价持平;第三天是长阳线,实体长度已上推到第一天阴线实体之内。早晨之星的含义是黑暗已经过去,曙光来临,多空力量对比已开始发生转变,一轮上升行情将要展开。

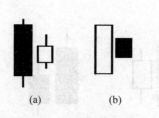

图 7-8　双 K 线组合 7

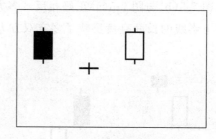

图 7-9　三 K 线组合 1

（2）黄昏之星（见图 7-10）。黄昏之星与早晨之星正好相反，是典型的顶部反转形态，通常出现在汇价连续大幅上涨和数浪上涨的中期顶部和大顶部。黄昏之星也由三根 K 线组成：第一天是大阳线，为上升趋势的延续；第二天是带上下影的十字星，通常伴随着向上跳空缺口；第三天是大阴线，实体已插入第一天阳线实体的内部。黄昏之星的出现预示着黑暗已经降临，一轮上涨行情已经结束，投资者应尽快抛售离场。

（3）射击之星（见图 7-11）。射击之星是指一个小实体，上面有一根长长的上影线，似古人拉弓射箭的形状。射击之星常出现在连续上涨之后，是市场见顶的信号。射击之星是在上升趋势中，市场跳空向上开盘，出现新高点，最后收盘在较低的位置，留下长长的上影线，上影线长度是实体长度的三倍以上。射击之星是市场失去上升动能的表现，是主力出货的常见图形。一般来说，后势要想突破射击之星造成的高位，往往需要相当长的时间。投资者应退场观望，以免在高位长久被套。

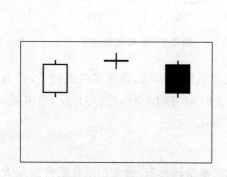

图 7-10　三 K 线组合 2

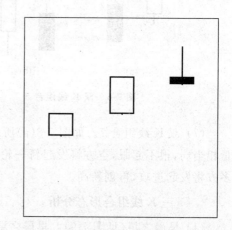

图 7-11　三 K 线组合 3

（4）锤头（见图 7-12）。锤头是一个小实体下面带有长长的下影线的 K 线形态，似带着锤把的形状。锤头的出现预示着下跌趋势将结束，表示市场在夯实底部，是较可靠的底部形态。锤头是在下降趋势中，市场跳空向下开盘，疯狂卖出被遏制，市场又回到或接近当日最高点，留下长长的下影线。小实体在交易区域的上面，上影线没有或很短。常伴有底部放量，放量越明显，信号越强烈。

（5）吊颈（见图 7-13）。吊颈是在高位出现的小阴实体，并带有长长的下影线，形状像一具上吊的尸体。表示上涨趋势结束,主力正在出货。吊颈是在上涨趋势中,当天汇价高开低走,盘中出现大阴线,主力尾市将汇价拉起,几乎以最高点收盘,留下较长下影线。吊颈欺骗性强,杀伤力很大,许多投资者会误认为下档有较强支撑,而买入被套。吊颈形态出现的第二天多为阴线,且开盘价较低。阴线的长度越长,新一轮跌势开始的概率越大。

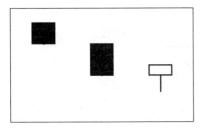

图 7-12 三 K 线组合 4

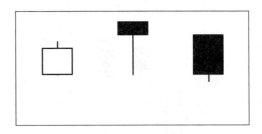

图 7-13 三 K 线组合 5

(6) 穿头破脚(见图 7-14)。穿头破脚有底部和顶部两种形态,是市场中最强烈的反转信号。顶部类似于"崩盘",而底部多为"井喷"。顶部穿头破脚是指汇价经过较长时间上升后,当天汇价高开低走,收出一根大阴线,并将前日阳线全部覆盖。表示主力将汇价推至高处后,高开制造假象,吸引跟风盘,随后大肆出货,将跟风者一网打尽。底部穿头破脚是指汇价经过一段时间下跌后,当日汇价低开高走,收出大阳线,这根大阳线将前日阴线全部覆盖。表示汇价跌至低位后,再次杀跌引出割肉盘,随后将汇价推高,一举收复前日失地,市场开始快速攀升。

(7) 乌云盖顶(见图 7-15)。乌云盖顶也属于拉高出货的顶部反转形态,预示在暴风雨即将来临的前夜,乌云压城城欲摧。乌云盖顶与顶部穿头破脚类似,只是在图形上阴线的收盘仅切入阳线的 2/3 处,具有一定的不确定性,杀伤力也次于穿头破脚。乌云盖顶是在市场上升后期,出现了一根大阳线,第二天汇价跳高开盘,收盘价却下降到阳线实体中间之下。表示趋势反转已经发生,随后将出现较长时间的下跌,投资者应迅速离场。通常第二天阴线刺入前日阳线的程度越深,顶部反转的可能性越大。

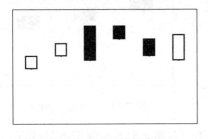

图 7-14 三 K 线组合 6

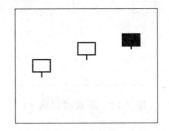

图 7-15 三 K 线组合 7

(8) 双飞乌鸦(见图 7-16)。双飞乌鸦是指在市场的高位出现了两根并排的阴线,像两只乌鸦在摇摇欲坠的枯树枝上乱叫,预示"祸不单行",市场将大幅下跌。双飞乌鸦是在汇价连续大幅上升之后,第一天是大阳线,第二天高开收出带上升缺口的阴线,表示向上攻击失败,第三天再次跳高开盘,收出阴线,收盘比前一日阴线低,但仍高于第一天阳线的收盘价。这说明强市已被遏制,汇价将下跌。

(9) 双针探底(见图 7-17)。双针探底是指两根有一定间隔的 K 线,都带有较长的下影线,下影线的位置非常接近,是常见的底部反转形态。双针探底出现在汇价连续下跌之后,表示汇价已经过二次探底,下档有较强的支撑,底部确认有效。双针探底经常由一个底部十字星和一个锤头组成,第二根 K 线的低点常比第一根 K 线低点高。

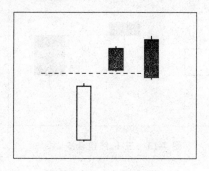

图 7-16　三 K 线组合 8

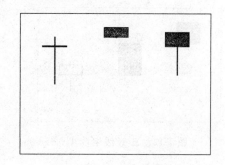

图 7-17　三 K 线组合 9

(10) 三个白武士(见图 7-18)。三个白武士又称红三兵,是指三根连续上升的阳 K 线,收盘价一日比一日高。表示多头力量聚集,武士稳扎稳打,步步进逼。三个白武士一般出现在市场见底回升的初期,每日收盘价虽为当天最高点,但开盘价均在前一天的实体之内,因而总体升幅不大,是稳步向上推高。投资者应逢低建仓,及时跟进以免踏空。市场底部出现此形态,常表示后势将加速上涨。

(11) 三只黑乌鸦(见图 7-19)。三只黑乌鸦是指三根连续下跌的阴 K 线,收盘价一日比一日低,表示空方力量在逐步加强,后势看淡。三只黑乌鸦一般出现在市场见顶之后,每日的收盘均出现新低点,而每日的开盘价却在前一日的实体之内。下跌的节奏较为平和,空方在缓慢杀跌,后势有可能加速下滑。投资者应果断决策,争取在第一时间平仓离场。

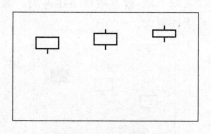

图 7-18　三 K 线组合 10

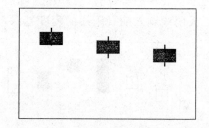

图 7-19　三 K 线组合 11

(12) 两阳夹一阴(见图 7-20),又称多方炮,该组合属于上升中继形态,是指在上升途中一根阴线夹在两根阳线中间,主力震荡洗盘的图形。两阳夹一阴是常见的上升形态,表示汇价在盘升过程中,不断遭到卖方打压,但逢低介入的买方众多,汇价回档有限,且顽强上涨。擅长短线操作的投资者可利用冲高和回档之际做短差,但前提是不能丢掉筹码。

(13) 两阴夹一阳(见图 7-21),又称空方炮,该组合属于下跌抵抗形态,是指在下跌途中一根阳线夹在两根阴线之间,主力震荡出货的图形。两阴夹一阳是常见的下跌形态,表示汇价在下跌过程中,不断受到买方抵抗,但逢高出货的卖方众多,汇价反弹高度有限,且跌势不止。投资者应利用反弹机会逢高卖出,待汇价跌到底部后,再重新进场承接。

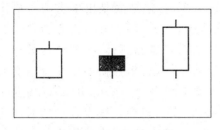

图 7-20　三 K 线组合 12

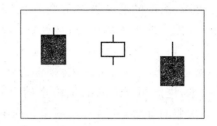

图 7-21　三 K 线组合 13

（14）身怀六甲（见图 7-22）。身怀六甲是指在高位大阳线或低位大阴线之后,在实体中间部位出现的小阳线或小阴线,好像前日 K 线怀中的胎儿。人们常把小阳线称为上涨孕,小阴线称为下跌孕,一般预示着市场上升或下跌的力量已经衰竭,市场已有改变即有趋势的迹象。身怀六甲常出现在涨势或跌势的后期,由于反转的速度较慢,许多投资者会以为市场处于休整状态而未能及时采取措施。投资者此时可观察成交量,如果前日成交量放大后又突然急剧萎缩,市场反转的可能性大。

（15）上升三部曲（见图 7-23）。上升三部曲是持续组合形态,指一根大阳线后接三根较小阴线,再接一根大阳线的组合。这是典型的震荡洗盘手法,表示后市将会继续上涨。上升三部曲不是转势信号,而是升势将继续整固的信号。通常第一天为急升大阳线,随后是三根小阴线,实体都包含在第一天阳线之内,成交量萎缩,接着又一根阳线拔地而起,收盘价创出新高,市场重归升途。投资者应在整理结束时建仓或加码买进。

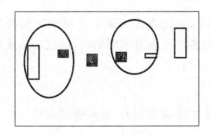

图 7-22　三 K 线组合 14

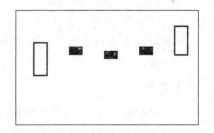

图 7-23　三 K 线组合 15

（16）下跌三部曲（见图 7-24）。下跌三部曲也是持续组合形态,是指一根大阴线后接三根小阳线,再接一根大阴线的组合。反映市场极度虚弱,汇价大跌小涨,空方占有绝对优势的情况。下跌三部曲发生在市场下跌途中,第一天为急跌大阴线,随后出现三根细小的反弹阳线,实体都包含在第一根阴线之内,接着又一根阴线破位而下,击穿市场多日形成的盘整巩固区间,市场重新纳入下跌的轨道。

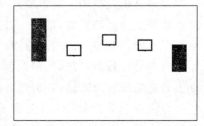

图 7-24　三 K 线组合 16

第二节　技术图形分析

外汇汇率的波动虽然千变万化,但与其他商品一样,归根结底是由供求关系决定的。在国际外汇市场中,当某种货币的买家多于卖家时,买方争相购买,买方力量大于卖方力量;卖方奇货可居,价格必然上升。反之,当卖家见销路不佳,竞相抛售某种货币,市场卖方力量占了上风,则汇价必然下跌。所以,技术分析重点研究以往价格交易的数据,进而预测未来的价格走向。此类型分析侧重于图表与公式的构成,以捕获主要和次要的趋势,并通过估测市场周期长短,识别买入/卖出机会。根据选择的时间跨度,可以使用每日或日内(每5分钟、每15分钟、每小时)技术分析,也可使用每周或每月技术分析。

一、趋势分析

如果我们在一定时间内考察外汇市场上汇率的变化,就会发现汇率的变动不是杂乱无章的,而是有其规律性。它是沿着某种趋势上下波动震动变动,如果我们选取波动的高点或低点(至少两个高点或低点)进行连线,就可以粗略地画出一条趋势线。趋势线在识别市场趋势方向方面是简单而实用的工具。向上趋势线由至少两个相继低点(或高点)连接而成,显然第二点必须高于第一点,直线的延伸帮助我们研判市场将来沿着什么样的路径向上运动。相反,向下趋势线是至少两个相继低点(或高点)连接而成,显然第二点必须低于第一点,直线的延伸帮助我们研判市场将来沿着什么样的路径向下运动。如果在较长的时间跨度内,找到的两个点基本相同,由此连接而成的趋势线,基本上是一条水平方向的直线,通常称之为整理趋势。

趋势线并不完全是一条直线,它只是近似于直线,它代表着未来汇价可能发展的方向。趋势线根据形态可分为不同种类的趋势线,它们各自代表着不同的市场信息,依次可进行买卖决策。

1. 上升趋势

汇价上升趋势线是指汇价上升波段中,汇价底部之连接线而言,这条连接而形成的上升趋势线通常比较规则,它沿着一定的斜率向上运行,如图7-25所示。

趋势分析及应用:一个多头行情主要由原始、次级或短期上升波动组成,汇价一波比一波高,每两个底部低点即可连成一条上升趋势线。一般而言,原始上升趋势线较为平缓,历经时间较长,而次级或短期上升趋势线较为陡峭,其历经时间有时甚短。

在汇价上升趋势中,当汇价下跌而触及汇价上升趋势线时,便是绝佳的买点,投资者可酌量买进。

图 7-25　上升趋势图

2.下降趋势

汇价下降趋势线是指汇价下降波段中,汇价底部之连接线而言,这条连接而形成的下降趋势线通常比较规则,它沿着一定的斜率向下运行,如图7-26所示。

图7-26 下降趋势图

趋势分析及应用:下跌趋势一般由短期下跌波动所构成,汇价一波比一波低,每两个下跌的低点或反弹之高点即可连成一条下跌趋势线。一般而言,下跌趋势一旦形成就会经历时间较长的走势。汇价下跌,远离汇价下降趋势线,背离太大,汇价就会反弹。某种汇率的汇价形成下跌趋势后,不建议投资者抢反弹进行买卖操作,其风险非常大。

趋势线表明,当价格向其固定方向移动时,它非常有可能沿着这条线继续移动。无论在上升还是下跌趋势轨道中,当汇价触及上方的压力线时,就是卖出的时机;当汇价触及下方的支撑线时,就是买进的时机。若在上升趋势轨道中,发现汇价突破上方的压力线,证明新的上升趋势线即将产生;同理,若在下跌趋势中,发现汇价突破下方的支撑线,可能新的下跌趋势轨道即将产生。汇价在上升行情时,一波的波峰会比前一波波峰高,一波的波谷会比前一波波谷高;而在下跌行情时,一波的波峰比前一波波峰低,一波的波谷会比前一波波谷低。处于上升趋势轨道中,若发现汇价无法触及上方的压力线,即表示涨势趋弱了。

3.整理趋势

矩形整理在汇市亦称为箱形整理。汇价在某一价格区的上下移动,移动的轨道由两条平行于横轴的平行线所界定,其形状就像几何图形的矩形或长方形,矩形整理亦称为箱形整理。箱形整理形态通常出现在汇价上升走势或下跌走势之初期或中期,若箱形出现在汇价上升走势或下跌走势之末期,往往形成反转形态,而非整理形态,如图7-27所示。

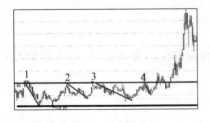

图7-27 整理趋势图

趋势分析及应用:箱形整理形态一般在汇价上升波完成或下跌波完成之后出现。成交量配合箱形整理的完成,起初量大而后逐步萎缩,一直到汇价突破箱形整理为止。汇价一般横盘整理3~4周或者更长时间,然后再寻找方向进行突破。向上突破初期时箱形向上平移;向下跌破时箱形向下平移,暴涨暴跌的情况除外。

在箱形整理形态中,汇价高点与低点的价差较小,不适应买卖操作。当汇价下跌而触及汇价箱形整理下轨时,投资者可酌量买进外汇。当汇价上升而触及汇价箱形整理上轨时,投资者可酌量卖出外汇。

二、移动平均线分析

在汇率图形分析中,移动平均线(Moving Averages)是应用最广泛的分析方法。该指标显示汇率价格在一段时期内的平均值。在计算移动平均线的时候,要对给定时间内的汇率平均值进行数学分析。当汇率价格变化时,它的平均价格就会上升或者下降。

移动平均线可分为简单移动平均线和复杂移动平均线。简单移动平均线也称单一移动平均线,是指只有一条移动平均线的图形。移动平均可以对任何数据系列进行计算,包括汇率的收盘价、成交量或者其他数据。对另一个移动平均线数进行移动平均也是有的。复杂移动平均线是指不同天数的两条或两条以上的移动平均线组合的图形。依据时间的长短,不同天数的移动平均线会形成不同的波动,这样为我们投资决策提供了很好的依据。

使用移动平均数的最流行方法是,将汇率价格的移动平均数与汇率价格自身进行比较。当汇率价格升至它的平均线值之上时生成了买入信号;当汇率价格跌至它的平均线值以下时生成了卖出信号。这种类型的移动平均线交易系统目标并不是在真正的底部进入市场,或者在真正的市场顶部退出市场,因为市场真正的底部与顶部是很难预测的。移动平均线代表着一定时期段投资者的平均持仓成本,当移动平均线向自己有利的方向发展时,可继续持有,直到移动平均线掉头转向才平仓,能够在市场到达底部后不久买入和在市场达到顶部后不久卖出,从而与汇率价格趋势保持相同的步骤,这样可捕捉巨额的利差。

投资者可以利用移动平均线的原理,随时修正对汇价的判断,决定买卖时机,确定风险的大小。利用移动平均线测定汇率的走势,以葛兰维尔(Granville)所创的八大法则最具实用性与权威性,主要内容如下。

1. 移动平均线的买进信号

(1)移动平均线止跌盘旋,而且汇率从移动平均线下方往上方突破时,是买进信号,如图7-28所示。

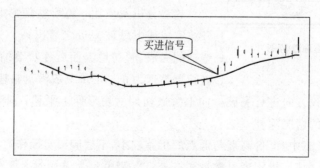

图 7-28　移动平均线买进信号 1

（2）汇率稍稍降在移动平均线下方，立即迅速突破移动平均线而向上时，可谨慎买进，如图 7-29 所示。

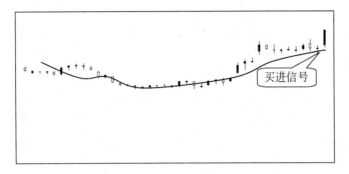

图 7-29　移动平均线买进信号 2

（3）汇率在移动平均线上方下跌，在未降到移动平均线之下却上升时，可以买进，如图 7-30 所示。

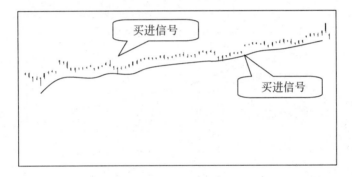

图 7-30　移动平均线买进信号 3

（4）汇率在移动平均线下方，突然暴跌，远离移动平均线时可加码买进，如图 7-31 所示。

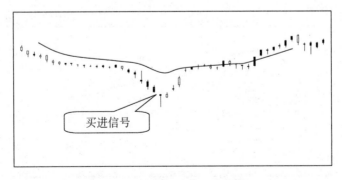

图 7-31　移动平均线买进信号 4

2. 移动平均线的卖出信号

（1）移动平均线上升盘旋，而且汇率从移动平均线上方往下方突破时，是卖出信号，如图 7-32 所示。

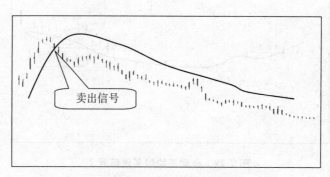

图 7-32　移动平均线卖出信号 1

（2）汇率稍稍升在移动平均线上方，立即迅速突破移动平均线而向下跌时，可谨慎卖出，如图 7-33 所示。

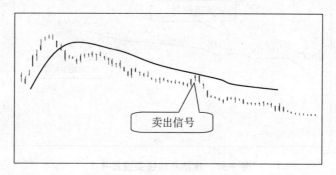

图 7-33　移动平均线卖出信号 2

（3）汇率在移动平均线下方上升，但是未突破移动平均线，却再度下跌时，可以及时卖出，如图 7-34 所示。

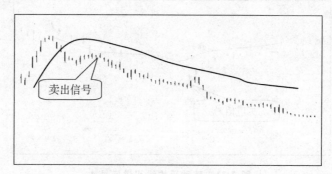

图 7-34　移动平均线卖出信号 3

（4）汇率在移动平均线上方,突然暴涨,远离移动平均线时,可短线考虑卖出,如图 7-35 所示。

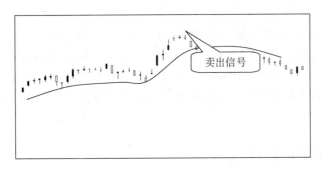

图 7-35 移动平均线卖出信号 4

3. 利用移动平均线交叉法研判买卖信号

（1）金叉。所谓金叉,就是指由多条长短期移动平均线自上而下运行,并逐步扭转向上所形成的结点,该结点朝未来水平方向形成辐射,各条移动平均线发散向上,对未来汇价有支撑。当多条平均线由上而下探底企稳并扭转向上时,如果同时交叉在某一个价位或某一个价位附近,说明这个价位是最近多条平均线共同的买入成本。所以在金叉出现后应逢低买入,如图 7-36 所示。

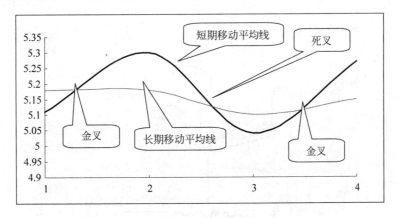

图 7-36 金叉、死叉

（2）死叉。所谓死叉,就是指由多条长短期移动平均线自下而上运行,并逐步扭转向下所形成的结点,该结点朝未来水平方向形成辐射,各条移动平均线发散向下,对未来汇价有压迫。当多条长短期移动平均线由下而上冲高回落并扭转向下时,如果同时交叉在某一个价位或某一个价位附近,说明这个价位是最近多条平均线共同的买入成本。说明近期内买入的人都有亏损。当这种亏损示范被传播后,会引导更多的人退出市场,并使汇价继续下跌。所以,在死叉出现后应逢高卖出,如图 7-36 所示。

由于移动平均线具有上述诸多功能,所以在外汇市场上得到日益广泛的应用,成为许多外汇投资者的好帮手,逐渐得到越来越多人的青睐。

第三节　技术指标分析

所谓技术指标分析,是依据一定的数理统计方法,运用一些复杂的计算结果,判断汇率走势的量化的分析方法,主要有相对强弱指标、布林线指标、随机指标和 MACD 指标等十几种方法。由于以上的分析往往与一些计算机软件相配合,所以技术指标分析已成为国际外汇市场职业外汇交易员非常重视的汇率分析与预测工具。这里主要介绍几种常用的指标。

一、相对强弱指标分析

相对强弱指标(Relative Strength Index,RSI)是一个较为流行的常用技术指标。由威尔斯·魏尔德(Welles Wilder)所创造,是目前汇市技术分析中比较常用的中短线指标。相对强弱指标是一个随价格的波动而摆动的变量,它的变化范围为 0～100。

RSI＝50 为强势市场与弱势市场的分界点。通常设 RSI＞80 为超买区,市势回挡的机会增加;RSI＜20 为超卖区,市势反弹的机会增加。

在强势市场中,短期相对强弱指标(RSI)在 80 以上,汇价会形成短期的头部,可以认为是一次卖出机会;而当 RSI 回调下破 50 分界线时,可以认为是一次买入机会,如图 7-37 所示。

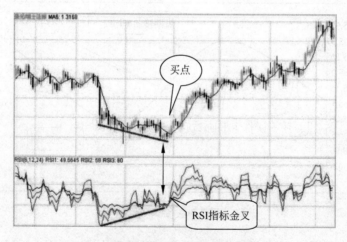

图 7-37　RSI 指标买点

在弱势市场中,短期 RSI 值于 20 以下,汇价会形成短期的底部,可以认为是一次买入机会,而当 RSI 反弹上穿 50 分界线时,可以认为是一次卖出机会,如图 7-38 所示。

RSI 有背离原理,当汇价创新高,而 RSI 创不了新高时,为卖出信号;当汇价创新低,而 RSI 未创新低时,则为买进信号;RSI 创新高,汇价未创新高时,为卖出信号;RSI 创新低,汇价未创新低时,也为买入信号。

RSI 指标的领先意义:如图 7-38 所示,在汇价盘整时期,与之对应的 RSI 却形成逐步下跌的趋势,根据 RSI 指标的领先含义,可以判断汇价在后市会有一个下跌的过程。

图 7-38 RSI 指标卖点

二、布林线指标分析

布林线指标(Boll)是由约翰布林(John Bollinger)发明的,是研判汇价运动趋势的一种技术分析工具。布林线是揭示汇价短线震荡剧烈程度的指标,其侧重点在于通过汇价的震荡分析预测走势。从震荡角度着眼,汇价的基本走势为盘整和突破,汇价的运动就是由一次次盘整和对盘整的突破构成。在汇市分析软件中,BOLL 指标一共由三条线组成:中间线是一条简单的移动平均线;上线与中间线的计算是一样的,但向上移动数个标准离差;下线是中间线向下移动数个标准离差。

(一)布林线的市场含义

布林线反映了汇价震荡的剧烈程度。BOLL 指标中的上、中、下轨线所形成的汇价通道的移动范围是不确定的,通道的上下限随着汇价的上下波动而变化。正常情况下,汇价应始终在汇价通道内运行。如果汇价脱离汇价通道运行,则意味着行情处于极端的状态下。在 BOLL 指标中,汇价通道的上下轨是显示股价安全运行的最高价位和最低价位。下轨线可以对汇价的运行起到支撑作用,而上轨线则会对汇价的运行起到压力作用。一般而言,当汇价在布林线的中轨线上方运行时,表明汇价处于强势趋势;当汇价在布林线的中轨线下方运行时,表明汇价处于弱势趋势,如图 7-39 所示。

(二)布林线的买卖时机分析

(1)当汇价线向上突破布林线中轨线时,预示着汇价的强势特征开始出现,汇价将上涨,投资者应以中长线买入。

(2)当汇价线从布林线的中轨向上突破布林线上轨时,预示着汇价的强势特征已经确立,汇价将可能短线大涨,投资者应以持汇待涨或短线买入为主。

(3)当汇价线向上突破布林线上轨以后,其运动方向继续向上时,如果布林线的上、中、下轨线的运动方向也同时向上,则预示着汇市的强势特征依旧,汇价短期内还将上涨,投资者应坚决持汇待涨。

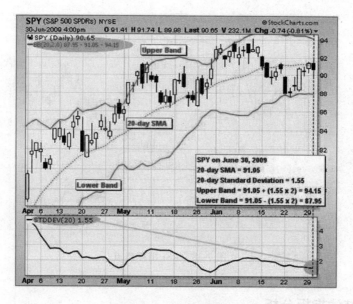

图 7-39   布林线指标

（4）当汇价线在布林线上方向上运动了一段时间后，如果汇价线的运动方向开始掉头向下，投资者应格外小心，一旦汇价线掉头向下并突破布林线上轨，预示着汇价短期的强势行情可能结束，汇价短期内将会调整，投资者应及时短线买入离场观望。

（5）当汇价线向下突破布林线的中轨时，如果布林线的上、中、下线也同时向下，预示着汇价前期的强势行情已经结束，汇价的中期下跌趋势已经形成，投资者应中线及时卖出。

（6）当汇价线向下跌破布林线的下轨并继续向下时，预示着汇价处于极度弱势行情，投资者应坚决以持币观望为主，尽量不买入。

（7）当汇价线在布林线下轨运行了一段时间后，如果汇价线的运动方向有掉头向上的迹象时，表明汇价短期内将止跌企稳，投资者可以少量逢低建仓。

（8）当汇价线向上突破布林线下轨时，预示着汇价的短期行情可能回暖，投资者可以及时适量买进，做短线反弹行情。

虽然布林线有许多用处，但是也有很多不足之处，投资者在进行操作时可以结合其他指标配合使用，取长补短，以达到自己的投资目标。

三、MACD 指标分析

MACD 指标又叫指数平滑异同移动平均线，是由查拉尔·阿佩尔（Gerald Apple）创造的，是一种研判外汇买卖时机、跟踪汇价运行趋势的技术分析工具。MACD 是根据两条不同速度的指数平滑移动平均线来计算两者之间的离差状况作为行情研判的基础，实际是运用快速与慢速移动平均线聚合与分离的征兆，来判断买进与卖出的时机与信号。通常采用 DIF 值和 DEA 值来分析行情，既直观明了又实用可靠。

（1）当 MACD 指标中的 DIF 线和 DEA 线在远离 0 值线以下区域同时向下运行很长一段时间后，当 DIF 线开始进行横向运行并向上突破 DEA 线时，这时会形成"黄金交叉"。它表示汇价经过很长一段时间的下跌,并在低位整理后,即一轮比较大的跌势后,汇价将开始反弹向上,是买入信号,如图 7-40 所示。

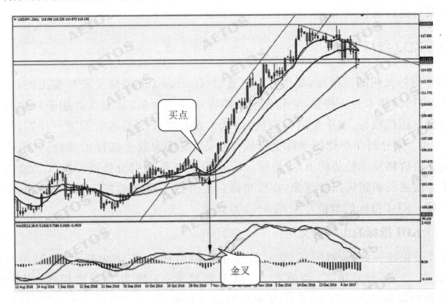

图 7-40 MACD 指标买点

(2)当 DIF 线和 DEA 线都在 0 值线以下区域运行很长一段时间后,这两条线在低位经过"黄金交叉"后,其运行方向开始同时向上靠近 0 值线时,也是买入信号。它可能预示着汇价的一轮升幅可观的上涨行情将很快开始,这是投资者买入外汇比较好的时机。

(3)当 MACD 指标中的 DIF 线和 DEA 线在远离 0 值线以上区域同时向上运行很长一段时间后,当 DIF 线开始进行横向运行并向下突破 DEA 线,这时会形成"死亡交叉"。它表示经过很长一段时间的上涨后,汇价将开始回调,是卖出信号,如图 7-41 所示。

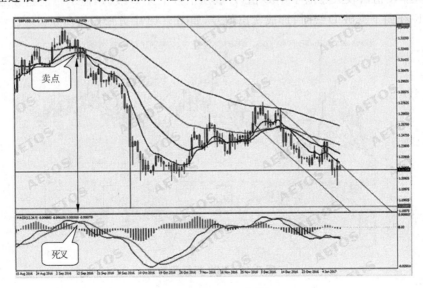

图 7-41 MACD 指标卖点

（4）当 DIF 线和 DEA 线都在 0 值线以上区域运行很长一段时间后,这两条线在高位经过"死亡交叉"后,其运行方向开始同时向下靠近 0 值线时,它可能预示着汇价的一轮较大的回调行情将很快展开,也是卖出信号。

四、KDJ 指标分析

KDJ 指标又叫随机指标,是由乔治·蓝恩（George Lane）博士最早提出的,是一种相当新颖、实用的技术分析指标,它起先用于期货市场的分析,后被广泛用于汇市的中短期趋势分析。随机指标 KDJ 是以最高价、最低价及收盘价为基本数据进行计算,得出的 K 值、D 值和 J 值分别在指标的坐标上形成一个点,连接无数个这样的点位,就形成一个完整的能反映价格波动趋势的 KDJ 指标。KDJ 指标主要利用价格波动的真实波幅来反映价格走势的强弱和超买超卖现象,在价格尚未上升或下降之前发出买卖信号的一种技术分析工具。KDJ 指标的取值范围是 0～100。

（一）KDJ 指标的市场含义

K 线是快速确认线,数值在 90 以上为超买,数值在 10 以下为超卖;D 线是慢速主干线,数值在 80 以上为超买,数值在 20 以下为超卖;J 线为方向敏感线,当数值大于100 时,特别是连续 3 天以上,汇价至少会形成短期头部,反之数值小于 0 时,特别是连续数天以上,汇价至少会形成短期底部。

（二）KDJ 指标的买卖时机分析

（1）当 K 值由较小逐渐大于 D 值,K 线从下方上穿 D 线时,显示目前趋势是向上的,所以当 K 线向上突破 D 线时,形成买进信号,如图 7-42 中圆形图案所示。

（2）当 K、D 线在 20 以下交叉向上,此时的短期买入的信号较为强烈,后市汇价可能会上升。

（3）当 K 值由较大逐渐小于 D 值,K 线从上方下穿 D 线时,显示目前趋势是向下的,所以当 K 线向下突破 D 线时,形成卖出信号,如图 7-42 中方形图案所示。

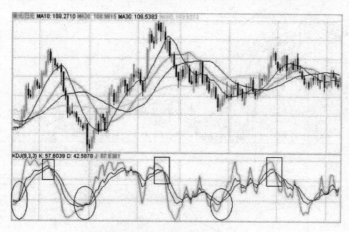

图 7-42　KDJ 指标买卖点

（4）当 K、D 线在 80 以上交叉向下，此时的短期卖出的信号较为强烈，后市汇价可能会调整。

本 章 要 点

1. K 线分析，包括 K 线图的含义、K 线图的优缺点、K 线图的画法、K 线基本形态分析以及 K 线组合形态分析。

2. 技术图形分析，包括趋势分析、移动平均线分析

3. 技术指标分析，包括相对强弱指标分析、布林线指标分析、MACD 指标分析以及 KDJ 指标分析。

本章思考题

一、填空题

1. 开盘价与收盘价之间用粗线表示称为_____；如果收盘价比开盘价高的 K 线称为_____；如果收盘价比开盘价低的 K 线称为_____；如果当天的汇价超过实体的部分，用细线画出称为_____；比实体的低价还低的部分，也用细线画出，称为_____。

2. 汇价在持续上升过程中出现的一根实体很小，但上影线很长、下影线很短的 K 线叫作_____，它是一个_____信号，后市_____，投资者看见此 K 线形态应_____。

3. 汇率价格运动基本形态有_____、_____和_____。

二、简答题

1. 利用所学的技术图形和技术指标对当前美元的走势做出判断。

2. 在对汇价走势进行预测时，应如何处理好基本面分析和技术分析的关系。

3. 如何理解"技术分析不是万能的，同样不重视技术分析是万万不能的"这一说法。

三、技能训练

1. 从图 7-43 中找出早晨之星与黄昏之星的 K 线组合。

图 7-43　K 线组合实例 1

2. 从图 7-44 中找出身怀六甲与穿头破脚的 K 线组合。

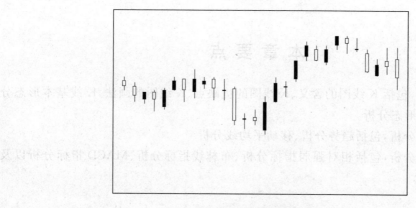

图 7-44　K 线组合实例 2

3. 从图 7-45 中找出射击之星与锤头的 K 线组合。

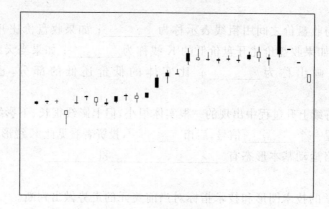

图 7-45　K 线组合实例 3

4. 从图 7-46 中找出乌云盖顶和双飞乌鸦的 K 线组合。

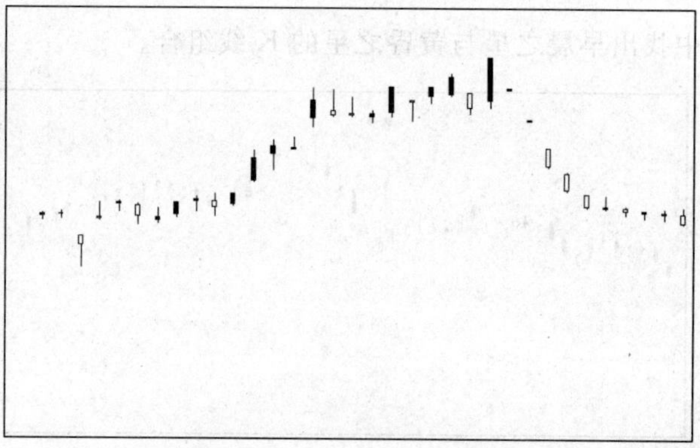

图 7-46　K 线组合实例 4

5. 从图 7-47 中找出多方炮的 K 线组合。

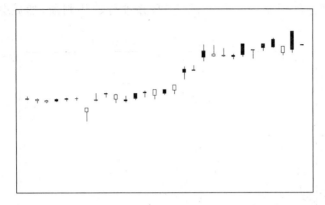

图 7-47 K 线组合实例 5

6. 从图 7-48 中找出三只黑乌鸦的 K 线组合。

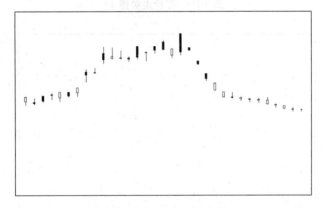

图 7-48 K 线组合实例 6

7. 从图 7-49 中找出双针探底的 K 线组合。

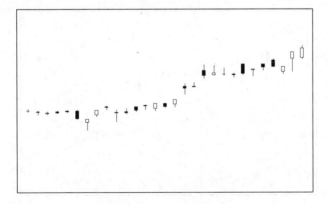

图 7-49 K 线组合实例 7

四、综合分析

根据所学原理仔细观察图 7-50～图 7-52，并进行趋势判断，然后分析汇价的后继走势。

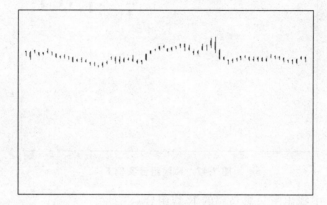

图 7-50   汇价走势图 1

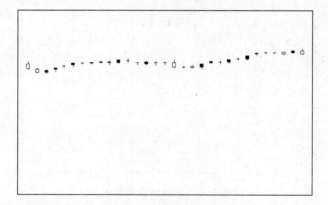

图 7-51   汇价走势图 2

图 7-52   汇价走势图 3

五、实训题

在 MT4 外汇模拟交易平台中,选择任意图表窗口,完成以下各项实训任务。

【实训任务 1】

画 2 条趋势线,要求如下:

(1) 画一条支撑线,并圈出买点、卖点。

(2) 画一条压力线,并圈出买点、卖点。

(3) 将完成后的(1)和(2)截图保存。

【实训任务 2】

(1) 分别找出三角形、头肩型、双重型 3 种图形。

(2) 在每种图形中找出相应的买点或卖点。

(3) 圈注后做截图保存。

【实训任务 3】

(1) 在任意图表中插入 Stochastic Oscillator 随机指标线(KDJ),说明其应用原理。

(2) 在主图中的相应位置圈出买点和卖点,并作截图保存。

【实训任务 4】

(1) 在任意图表中插入相对强弱指标 RSI,说明其应用原理。

(2) 在主图中的相应位置圈出相应的买点和卖点。

【实训任务 5】

(1) 在任意图表中插入 MACD 指标,说明其应用原理。

(2) 在主图中的相应位置圈出相应的买点和卖点,并作截图保存。

【实训任务 6】

(1) 在任意图表中插入移动平均线 MA 指标,说明其应用原理。

(2) 在主图中的相应位置圈出相应的买点和卖点,并做截图保存。

【实训任务 7】

(1) 在任意图表中插入布林线指标,说明其应用原理。

(2) 在主图中的相应位置圈出相应的买点和卖点,并做截图保存。

第八章

个人外汇交易模拟

知识目标

1. 熟悉中国工商银行个人外汇模拟交易平台；
2. 了解世华财讯外汇模拟系统；
3. 熟悉MT4外汇模拟交易平台。

技能目标

1. 通过中国工商银行个人外汇模拟交易平台掌握实盘外汇交易操作方法；
2. 通过MT4外汇模拟交易平台熟悉外汇保证金交易操作方法。

学习导航

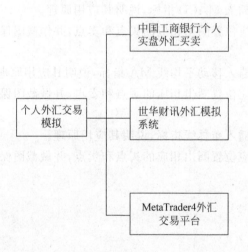

课前导读

目前,我国主要商业银行均可以进行个人实盘外汇买卖,即个人客户在银行进行的可自由兑换外汇(或外币)间的交易。客户根据银行提供的外汇实时汇率,将持有的一种外币买卖成另一种外币。个人外汇买卖的开办,既丰富了银行的中间业务品种,吸引和稳定了储户的外汇存款,又为储户提供了保值增值的投资手段,使银行、储户都得益。随着中国金融市场的进一步开放,个人外汇收入的增加,银行客户投资意识的增强,商业银行正在不断开拓市场、发展业务新品种来提高银行的竞争力。目前我国较大的商业银行都可以进行个人实盘外汇买卖。

相比之下，外汇保证金交易在我国经历较为曲折，中国银行、交通银行和民生银行三家银行曾经进行过虚盘（保证金）外汇买卖，2008 年 6 月 12 日，银监会发布《中国银监会办公厅关于银行业金融机构开办外汇保证金交易有关问题的通知》，叫停银行业金融机构开办外汇保证金交易，至此，已经开办此业务的三家银行全部停止开立新户。

外汇保证金交易已经是国际上非常普遍的交易形式，也是个人投资者和机构投资者的重要投资工具，一个不存在外汇保证金交易的市场，很难说是一个完善的金融市场。随着各种条件逐步具备，相信不远的将来外汇保证金业务会正式踏入中国的金融市场。

第一节　中国工商银行个人实盘外汇买卖[①]

"汇市通"是中国工商银行面向个人客户推出的外汇买卖业务，是指客户在规定的交易时间内，通过中国工商银行个人外汇买卖交易系统（包括柜台、电话银行、网上银行、手机银行、自助终端等），进行不同币种之间的即期外汇交易。

一、产品特色

（1）交易方式多样。客户既可进行即时交易，也可进行获利、止损以及双向委托交易，事先锁定收益或损失，适宜不同客户的不同投资策略。

（2）委托时限宽泛。最长时限 120 小时，且有 24 小时、48 小时、72 小时、96 小时以及 120 小时五种时间范围可供选择，便于客户短期脱离市场、长期关注市场。

（3）优惠幅度分档。实行多档分级优惠，交易金额只要满足相应档次起点，即可享有对应档次优惠报价，为单笔大额交易客户提供更大获利空间。（具体优惠方式以当地工行公布的为准。）

（4）交易时间和币种。工行"汇市通"业务可提供从周一早上 7 点至周六凌晨 4 点每日 24 小时外汇交易服务，报价与国际外汇市场即时汇率同步。交易币种包括美元、日元、港币、英镑、欧元、加拿大元、瑞士法郎、澳大利亚元、新加坡元 9 个币种，共 36 个货币对。因各分行情况差异，工行"汇市通"交易的具体时间、币种以及交易方式以当地工行公布的为准。

（5）交易起点金额低。通常只需 100 美元便可在工行进行"汇市通"个人外汇买卖交易。

（6）不收取手续费，收益部分免税。

（7）T＋0 交易，每日交易次数不限，投资更为灵活。

二、交易渠道

1. 营业网点

客户可凭外币存款凭证或现钞，通过银行柜面办理"汇市通"个人外汇买卖即时交易

---

① 资料来源：中国工商银行网站，http://www.icbc.com.cn.

或委托交易。

2. 电话银行

客户申请开通电话银行交易后，可凭在工行开立的账户及密码，直接拨通 95588，按照语音提示进行"汇市通"个人外汇买卖即时或委托交易。

3. 网上银行

客户申请开通网上银行交易后，可凭账户和密码，登录工行网站 www.icbc.com.cn或当地工行的网站，进行"汇市通"个人外汇买卖即时或委托交易。

4. 自助终端

客户可使用活期一本通存折，通过工行提供的自助终端机进行交易及有关查询。

三、"汇市通"个人外汇买卖网上银行的操作流程

"汇市通"个人外汇买卖网上银行操作流程见图 8-1。

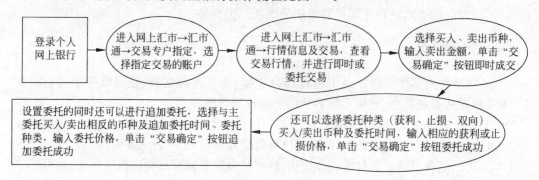

图 8-1　"汇市通"个人外汇买卖网上银行的操作流程

1. 登录中国工商银行网址

登录 http://www.icbc.com.cn，打开主页后选择"个人网上银行登录"，正确输入"注册卡号"和"登录密码"后，便可进入网上银行，如图 8-2 和图 8-3 所示。

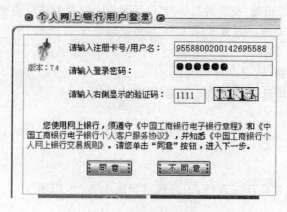

图 8-2　网银登录界面

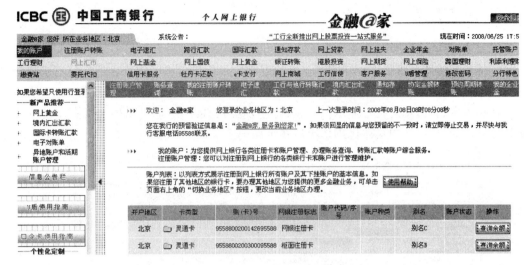

图 8-3 进入网银"我的账户"

2. 了解网上外汇交易工具栏内容

（1）行情信息。

（2）即时交易、获利委托、止损委托和双向委托。

（3）撤销委托。

（4）交易明细查询。

以上内容见图 8-4。

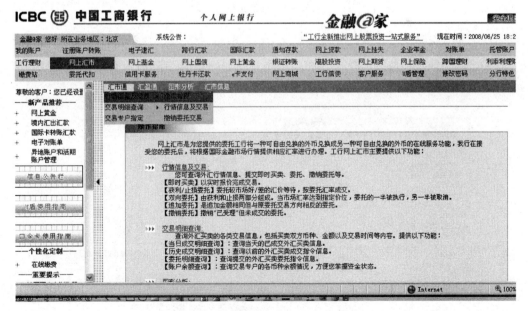

图 8-4 网上汇市

四、操作指南

（一）行情信息查询

行情信息为客户提供当地工行的各个交易档次的优惠价格。客户在选择好显示牌价的方式（如基本盘、交叉盘、所有盘、自定义盘）后，可以通过下拉菜单选择优惠档次，从而直接在买入价、卖出价的位置显示该优惠档次对应的价格。每个优惠档次所对应的具体交易金额区间，将在选中具体优惠档次后在页面中显示，如图8-5所示。

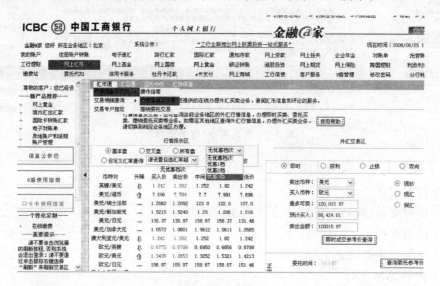

图 8-5　行情报价

（二）即时交易

（1）选择"即时交易"，选择买入和卖出币种，选择钞汇标志，输入卖出金额，单击"交易确定"按钮，进入交易确认页面，如图8-6所示。

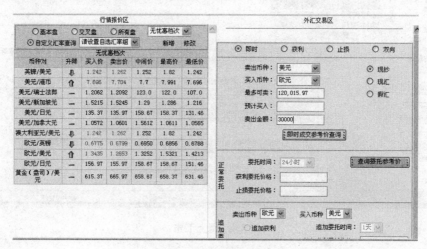

图 8-6　即时交易界面

（2）进入交易确认页面，如果客户确认输入无误，单击"提交"按钮，即时交易成功，显示交易证实书；如发现输入有误，可单击"取消"按钮重新建立交易。需要注意的是，交易提交的时间限制为 10 秒钟，10 秒钟后系统自动提示交易超时，客户需要重新建立交易，如图 8-7 所示。

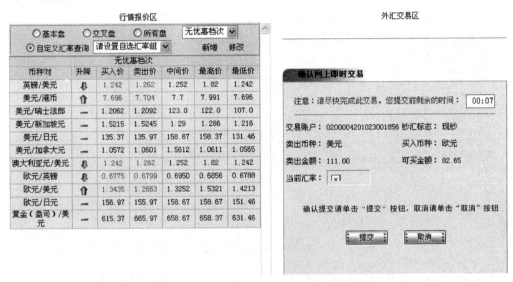

图 8-7 确认即时交易

（3）交易成功后系统生成交易成功证实书，如图 8-8 所示。

行情报价区   外汇交易区

币种对	升降	买入价	卖出价	中间价	最高价	最低价
英镑/美元	⇩	1.242	1.262	1.252	1.82	1.242
美元/港币	⇧	7.696	7.704	7.7	7.991	7.696
美元/瑞士法郎	—	1.2062	1.2092	123.0	122.0	107.0
美元/新加坡元	—	1.5215	1.5245	1.29	1.286	1.216
美元/日元	—	135.37	135.97	158.67	158.37	131.46
美元/加拿大元	—	1.0572	1.0601	1.5612	1.0611	1.0565
澳大利亚元/美元	⇩	1.242	1.262	1.252	1.82	1.242
欧元/英镑	⇩	0.6775	0.6799	0.6950	0.6856	0.6788
欧元/美元	⇧	1.3435	1.2653	1.3252	1.5321	1.4213
欧元/日元	—	156.97	155.97	158.67	158.67	151.46
黄金（盎司）/美元	—	615.37	665.97	658.67	658.37	631.46

网上即时交易证实

该交易已成交！

交易账户：0200004201023001856 钞汇标志：现钞

卖出币种：美元   买入币种：欧元

卖出金额：120,015.97   买入金额：89,424.01

成交汇率：1.3421

单击"返回"按钮，返回到建立交易页面。

返回

图 8-8 即时交易成功证实

（三）委托交易

1. 获利委托

第一步，选择"获利"委托。选择买入/卖出货币，选择钞、汇标志及委托有效期。

输入卖出金额和获利委托汇率,单击"交易确认"按钮进入获利委托交易确认页面,如图 8-9 所示。

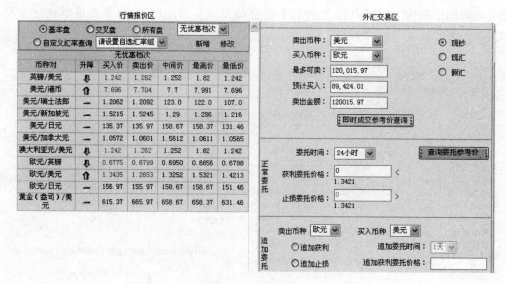

图 8-9　委托交易界面

提示:中国工商银行委托时间有 24 小时、48 小时、72 小时、96 小时、120 小时共 5 个期限,客户可以根据自身情况选择使用,如图 8-10 所示。

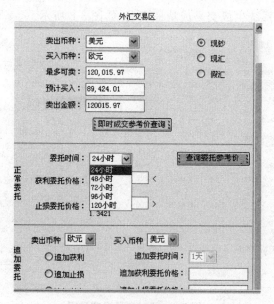

图 8-10　委托时间选择

第二步,委托交易确认。进入委托交易确认页面,系统提示"请尽快完成此交易",单击"提交"按钮,生成委托交易证实书;单击"取消"按钮重新委托,如图 8-11 所示。

在客户设置的委托期限内,客户的委托资金处于冻结状态,若中国工商银行的外汇即时汇率等于或优于客户设置的获利委托汇率,则客户的获利委托交易按即时汇率成交。如果委托到期,尚未成交的委托自动失效。如果客户委托期限包含工行的非交易时间,则在非交易时间内,客户的资金也仍然处于冻结状态。

第三步,获利委托交易成功后,系统生成委托证实书,卖出货币资金处于冻结状态,如图 8-12 所示。

图 8-11　确认获利委托交易　　　　图 8-12　获利委托交易证实

2. 止损委托

第一步,建立止损委托。选择"止损"委托功能项,选择卖出和买入货币,选择钞汇标志及委托有效期。输入卖出金额和止损委托汇率,单击"交易确认"按钮进入止损委托交易确认页面,如图 8-13 所示。

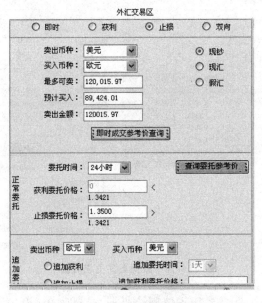

图 8-13　止损委托交易界面

第二步,委托确认。进入委托交易确认页面,系统提示"请尽快完成此交易"。单击"提交"按钮,生成委托交易证实书;单击"取消"按钮重新委托,如图 8-14 所示。

在客户设置的委托期限内,客户的委托资金处于冻结状态,若中国工商银行的外汇即时汇率等于或劣于客户设置的止损委托汇率,则客户的止损委托交易按即时汇率成交。如果委托到期,尚未成交的委托自动失效。

第三步,委托证实。委托交易成功后,系统生成委托证实书,相应的卖出货币资金处于冻结状态,如图8-15所示。

图 8-14　确认止损委托交易　　　　　　　图 8-15　止损委托交易证实

3. 双向委托

第一步,建立双向委托。选择"双向委托"功能项,选择卖出和买入货币,选择钞汇标志及委托有效期。输入卖出金额及获利、止损委托汇率,单击"下单"按钮进入双向委托交易确认页面,如图8-16所示。

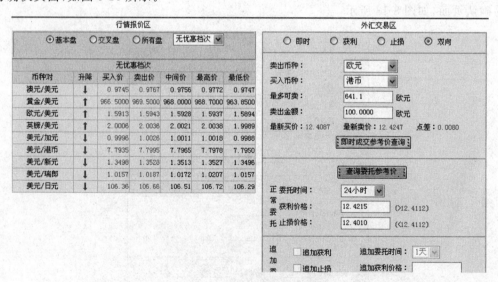

图 8-16　双向委托交易界面

第二步,委托确认。进入委托交易确认页面,系统提示"请尽快完成此交易"。单击"提交"按钮,生成委托交易证实书;单击"取消"按钮重新委托,如图8-17所示。

第三步,委托证实。委托交易成功后,系统生成委托证实书,相应的卖出货币资金处于冻结状态,如图8-18所示。

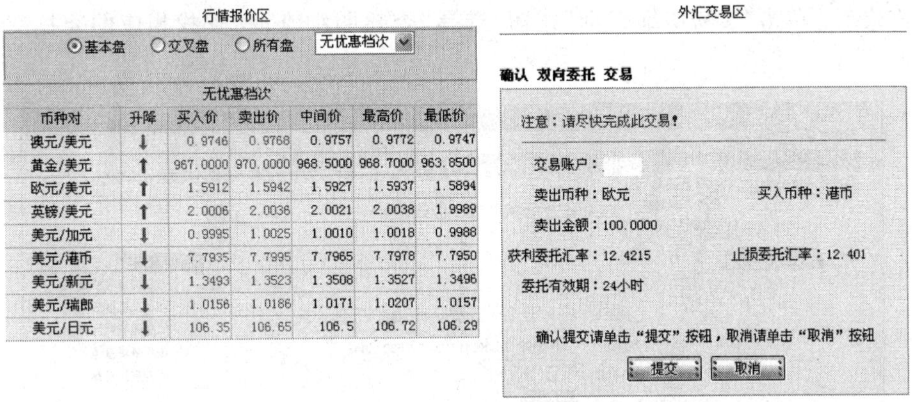

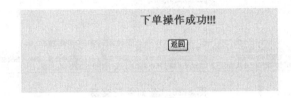

图 8-17　确认双向委托交易

图 8-18　双向委托交易证实

4. 撤销委托[①]

第一步，撤销委托交易有两种方式。

方式一：单击“行情信息及交易”下拉列表框，选择“撤销委托交易”项，在“委托编号”输入栏中输入欲撤销的委托编号，单击“提交”按钮，进入撤销委托确认页面，如图 8-19 所示。

图 8-19　撤销委托交易

---

① 撤销委托是指在委托的有效期内、委托交易尚未成交之前，客户撤销已经建立的有效委托。只能撤销委托状态为“已受理”但未成交的各种委托。

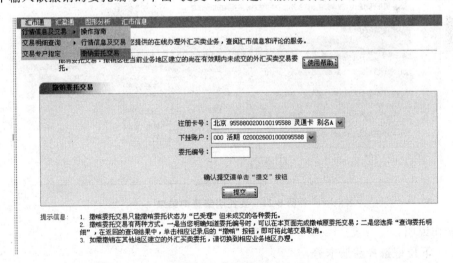

方式二：单击"交易明细查询"按钮，选择"委托明细查询"查找相应的委托交易，如图 8-20 所示。

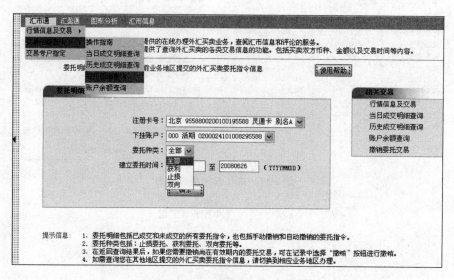

图 8-20　查询委托交易

根据系统返回的查询信息，查找相应需要撤单的委托交易，直接选择"撤单"即可，如图 8-21 所示。

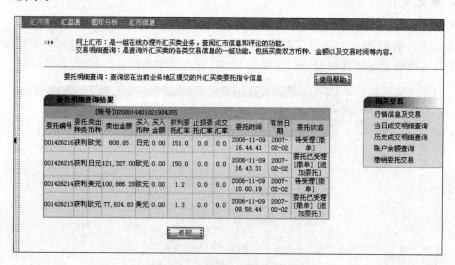

图 8-21　委托明细查询结果

操作说明：

（1）下拉框选择注册卡号。

（2）下拉框选择下挂账户。

（3）输入委托编号，单击"提交"按钮。

（4）进入撤销委托交易确认页面，单击"提交"按钮。

（5）撤销委托交易成功。

第二步,撤销委托交易确认如图 8-22 所示。

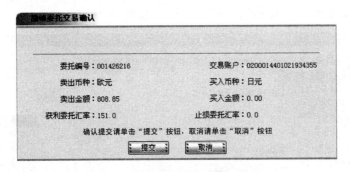

图 8-22　撤销委托交易确认

第三步,撤销委托交易证实,如图 8-23 所示。

图 8-23　撤销委托交易证实

(四) 交易明细查询

客户所有的委托都可以通过交易明细(包括当日交易和历史交易)查询,账户余额的查询也可以通过交易明细查询菜单来进行,如图 8-24 所示。

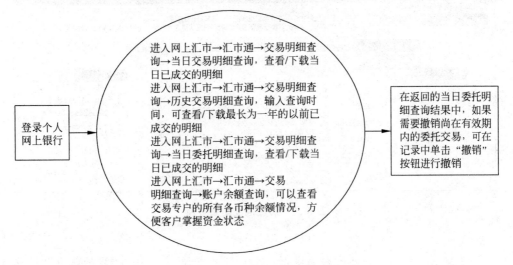

图 8-24　交易明细、账户余额查询

（1）当日成交明细查询。单击"交易明细查询"中的"当日成交明细"按钮，可以查询同一客户名下多个账户的交易明细，如图 8-25 和图 8-26 所示。

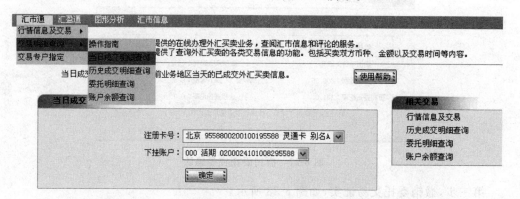

图 8-25　当日成交明细查询

			[账号]0200024101006295588			
卖出币种	卖出金额	买入币种	买入金额	成交汇率	成交时间	交易方式
美元	6,744.58	欧元	5,492.33	1.228	2006-03-23-09.51.26	即时交易
美元	101.00	日元	12,001.00	120.0	2003-11-13-15.54.38	即时交易
美元	101.00	日元	12,001.00	120.0	2003-11-13-15.56.06	即时交易
美元	101.00	日元	12,001.00	120.0	2003-11-13-15.59.37	即时交易

图 8-26　当日成交明细查询结果

（2）历史成交明细查询。单击"交易明细查询"中的"历史成交明细"按钮，可以查询同一客户名下多个账户的一段时间内的交易明细，如图 8-27 所示。

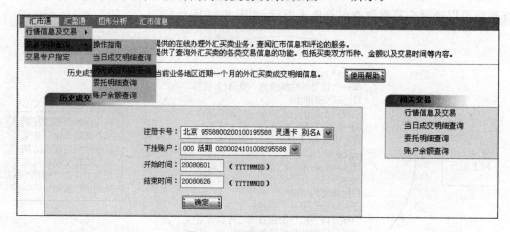

图 8-27　历史成交明细查询

提示：

① 历史成交明细有一定的时间限制。更详细的查询，需要进入"我的账户"→"账务查询"中的"历史账户明细查询"进行，如图 8-28 所示。

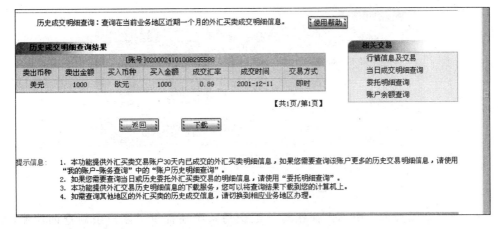

图 8-28　历史成交明细查询结果

② 委托交易的明细需要到"委托明细查询"中查询。

（3）委托明细查询。

① 通过"交易明细查询"中的"委托明细查询"，客户输入需要查询的委托时间段，即可查询相应期限内的委托交易记录，如图 8-29 所示。

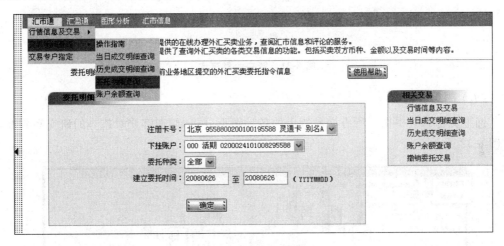

图 8-29　委托明细查询

提示：委托明细查询可以通过选择不同的"委托种类"进行详细查询。

② 系统返回委托查询的结果包括了期限内所有或相应类型的委托交易的详细情况。如果委托已受理但未成交，可以单击"委托状态"栏内"撤销"按钮进行撤销，或单击"追加委托"①按钮进行追加委托，如图 8-30 所示。

---

① 由于追加委托是在原委托基础上，以原委托成交为前提条件的委托功能，因此，其交易方向与原委托的交易方向相反，当客户提交追加委托时，委托卖出货币必须与原委托买入货币一致，卖出金额必须小于等于原委托买入的金额。目前，中国工商银行对于追加委托，只支持获利和止损委托的追加委托，暂不支持针对双向委托提交追加委托。

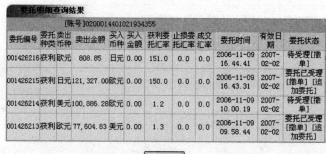

图 8-30　委托明细查询结果

（4）账户余额查询。中国工商银行外汇交易系统还提供了账户余额查询功能，如图 8-31 所示。

图 8-31　账户余额查询

（五）图形分析

网上交易系统提供了所有交易货币的各种图形分析，便于客户对趋势的研究和判断，如图 8-32 所示。

图 8-32　交易货币图形分析

第二节　世华财讯外汇模拟系统

世华财讯是由中国数码信息有限公司(中国香港交易所上市公司)旗下控股公司——北京世华国际金融信息有限公司管理经营的产品和服务品牌,是国内金融财经资讯领域中历史最悠久且规模最大的财经资讯供应商,为金融机构、投资者、管理决策人士提供实时财经数据与行情、资讯与分析研究。

这里我们借助世华的外汇模拟交易系统,了解一下不同终端的外汇交易的操作系统。

一、登录

(1) 登录网站 http://fx.caixun.com/,登记注册后,选择"外汇",单击"模拟交易"按钮进入。

(2) 打开网站 http://fx.caixun.com/,进入世华财讯网站外汇板块,再用注册名登录,单击"模拟交易"按钮进入。

二、行情信息

(1) 单击左侧的行情,进入行情信息页面。页面右侧是行情信息区域,显示产品的最新行情信息,刷新时间由服务器设定,如图 8-33 所示。

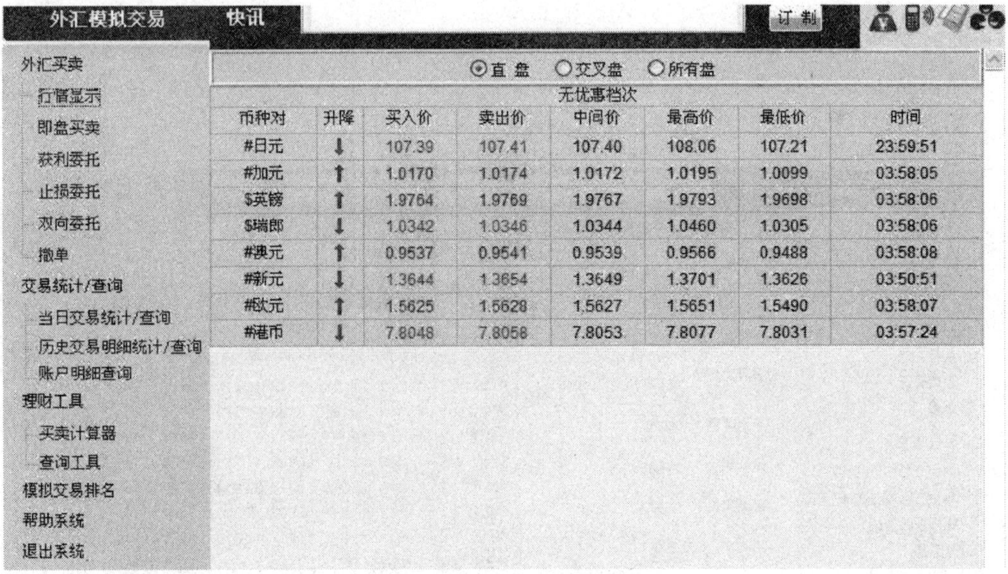

图 8-33　外汇行情信息

(2) 行情的显示分直盘、交叉盘和所有盘,根据买卖币种的不同,客户可以选择显示方式。

(3) 需要显示两种货币之间的汇率时,可以在页面左侧"理财工具"中选择"查询工

具"，找到需要的货币对，单击"查询"按钮，相关信息会在弹出窗口中显示，如图 8-34
所示。

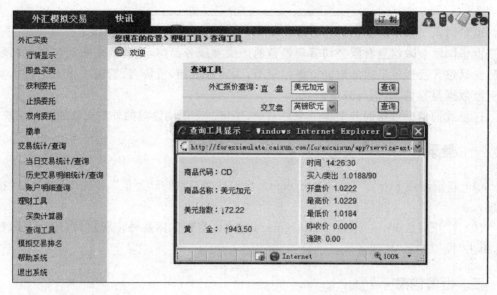

图 8-34　查询工具显示结果

三、即时交易

即时交易也叫即盘交易，即按行情的当前汇率马上进行交易（不需要输入限价），只要
选择即盘交易这一交易方式。另外，即时交易必须在 15 秒内确认，否则自动取消，如
图 8-35 所示。

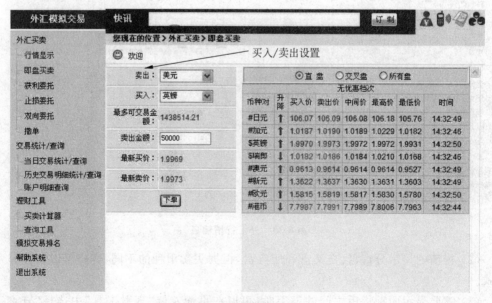

图 8-35　即盘买卖

四、委托交易

(一) 获利委托

(1) 建立获利委托。银行根据客户指定的交易币种、金额以及交易目标价格,一旦银行报价达到或优于客户指定的价格,即执行客户的指令,完成交易,成交价格按照银行的即时报价成交。

选择"获利委托"功能项,选择"卖出"和"买入"货币,以及"委托终止时间"。输入"卖出金额"和"获利汇率",单击"下单"按钮进入获利委托交易确认页面,如图8-36所示。

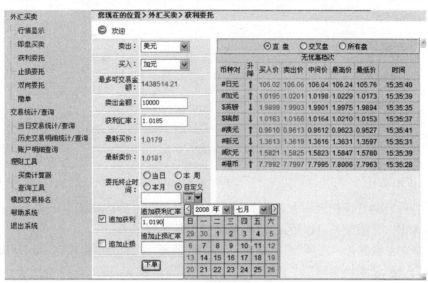

图 8-36 获利委托交易界面

(2) 委托确认。进入委托交易确认页面,系统提示"请尽快完成此交易!",单击"提交"按钮,生成委托交易证实书;单击"取消"按钮重新委托,如图8-37所示。

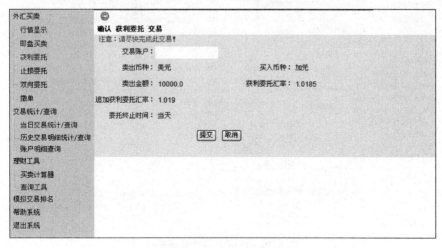

图 8-37 确认获利委托交易

（3）委托证实。获利委托交易成功后，系统生成委托证实书，相应的卖出货币资金处于冻结状态，如图 8-38 所示。

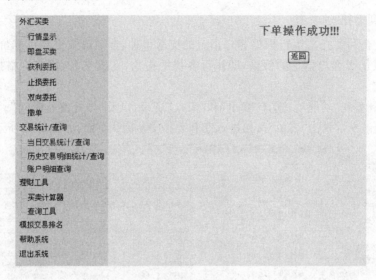

图 8-38　获利委托证实

（二）止损委托

客户为持有的货币设置一个最低卖出价位，一旦银行报价达到或小于这个价位，立即将该货币卖出。止损交易可以锁定风险，避免损失的无限扩大。

（1）建立止损委托。选择"止损委托"功能项，选择"卖出"和"买入"货币，以及"委托终止时间"。输入"卖出金额"和"止损汇率"，单击"下单"按钮，进入止损委托交易确认页面，如图 8-39 所示。

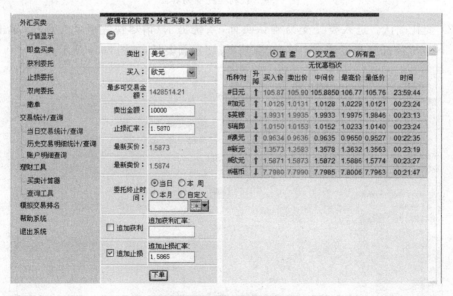

图 8-39　止损委托交易界面

（2）委托确认。进入委托交易确认页面，系统提示"请尽快完成此交易！"，单击"提交"按钮，生成委托交易证实书；单击"取消"按钮重新委托，如图 8-40 所示。

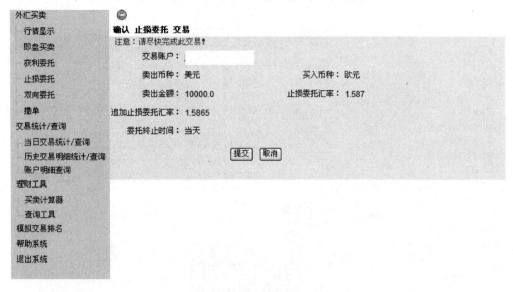

图 8-40　确认止损委托交易

（3）委托证实。止损委托交易成功后，系统生成委托证实书，相应的卖出货币资金处于冻结状态，如图 8-41 所示。

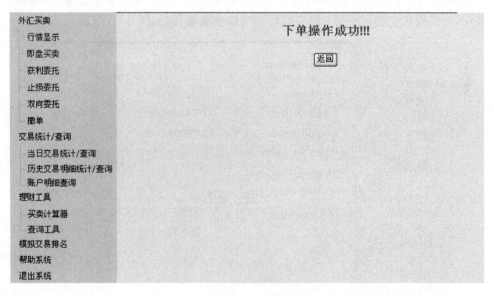

图 8-41　止损委托证实

（三）双向委托

（1）建立双向委托。选择"双向委托"功能项，选择"卖出"和"买入"货币，以及"委托终止时间"。输入"卖出金额"及"获利汇率""止损汇率"，单击"下单"按钮进入双向委托交易确认页面,如图 8-42 所示。

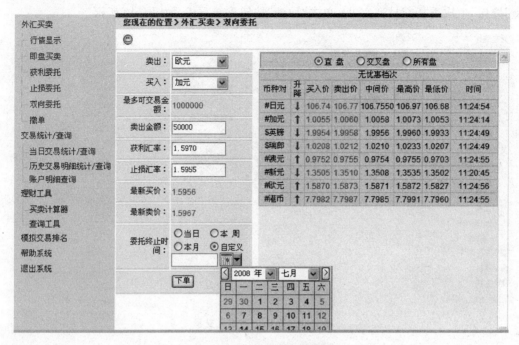

图 8-42　双向委托交易界面

（2）委托确认。进入委托交易确认页面,系统提示"请尽快完成此交易！",单击"提交"按钮,生成委托交易证实书；单击"取消"按钮重新委托,如图 8-43 所示。

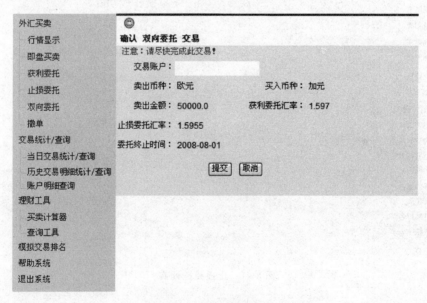

图 8-43　确认双向委托交易

（3）委托证实。委托交易成功后,系统生成委托证实书,相应的卖出货币资金处于冻结状态,如图 8-44 所示。

图 8-44 双向委托证实

五、撤单——撤销未成交委托

（1）单击"撤单"按钮,进入撤单操作区。系统显示等待成交的委托单明细,选中想要撤单的复选框,如图 8-45 所示。

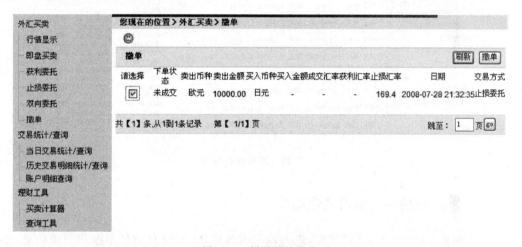

图 8-45 撤单操作界面

（2）单击"撤单"按钮,出现提示框,单击"确定"按钮完成撤单,结果如图 8-46 所示。

图 8-46 撤单操作结果显示

六、委托查询——查询下单委托记录

（1）当日交易查询,如图 8-47 所示。

（2）历史交易查询。查询某一时间段的委托交易,如图 8-48 所示。

图 8-47　当日交易查询

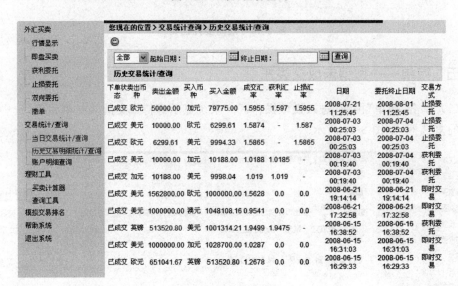

图 8-48　历史交易查询

七、账户明细——查看资金情况

（1）单击"账户明细查询"按钮，进入账户明细模块，系统自动显示账户明细信息，如图 8-49 所示。

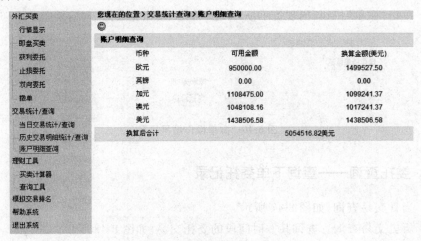

图 8-49　账户明细查询

（2）有的软件可以查询每一笔交易的金额变化，还可以根据起始时间、终止时间和币种来选择账户明细的内容，内容包括货币、描述、金额、余额等，如图 8-50 所示。

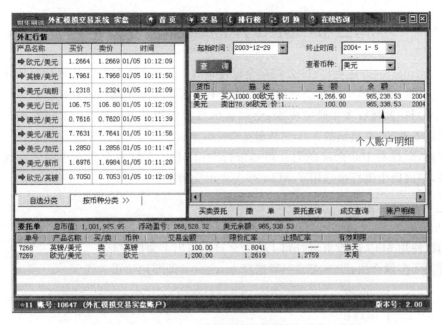

图 8-50　美元账户明细查询

（3）有些软件还设置了成交明细、委托状态等查询功能。

① 单击"成交查询"按钮，系统弹出如图 8-51 所示的界面。成交记录明细包括产品名称、币种、成交价、金额等信息。

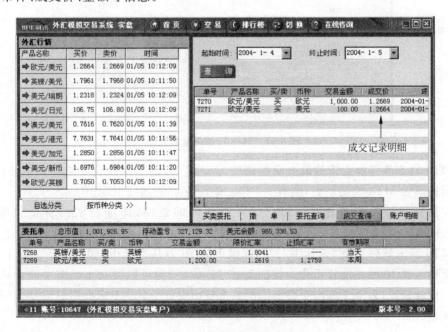

图 8-51　成交记录明细查询

② 默认情况下,软件显示昨天到今天的成交单明细。用户也可通过选择起始时间和终止时间查看成交单的明细。

第三节　MetaTrader4 外汇交易平台

MetaQuotes(迈达克)软件公司是全球外汇、CFD 和期货在线交易软件的领导厂商之一。该公司一直致力于在线金融软件的研究和专业开发,MetaTrader4 交易平台(MT4)就是该公司在此领域多年研究成果,全球金融机构使用其开发的 MT4 交易平台可以为客户提供专业的、高质量的在线交易服务。

目前,全球有 100 余家经纪公司和银行采用 MT4 交易平台向客户提供在线金融交易服务,国内民生银行也选用了 MT4 作为外汇交易平台。

一、注册与登录

初次使用 MT4 的投资者,MT4 软件会自动弹出上面的对话框(见图 8-52),个人资料前 4 行无须多做介绍,账户类型一般选择 forex-usd 即开户货币为美元。

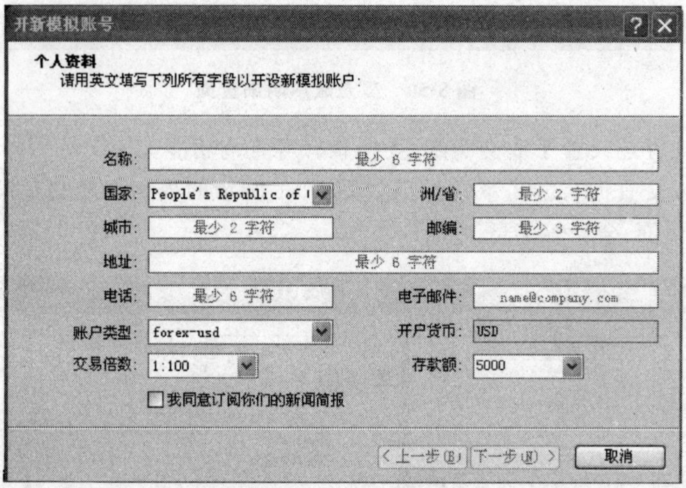

图 8-52　MT4 注册与登录界面

MT4 官方软件所支持的最大交易倍数为 1∶100,但如果投资者选择其他外汇保证金公司提供的 MT4 交易平台,会有 1∶400 或 1∶500 的选项出现。

存款额建议投资者选用 5000～10000 之间的数额,即虚拟初始资金为 5000～10000 美元。

MT4 官方软件支持“迷你手”。一标准手为 10 万基准货币,如果保证金为 1∶100,则投资者需要 1000 基准货币作为保证金,而“迷你手”则可以做 0.1 标准手或者 0.01 标准手。也就是说,做 0.1 标准手需要 100 基准货币保证金,0.01 标准手只需要 10 基准货币保证金。

【例 8-1】

　　投资者 A 有 5000 美元,他想做保证金交易,建立 USD/JPY 空头头寸,如果做标准手,杠杆比率 1∶100 的情况下,就算只做 1 标准手,他也需要至少 1000 美元作为保证金,即仓位 20%,对于外汇保证金交易来讲,20% 的仓位不可能做长线,风险极大。但有了迷你手交易,投资者 A 可以做 0.01 标准手,那么他的仓位就是 0.2%,他只需要 10 美元作为保证金,这样做,资金总体的安全性会比做 1 标准手时高很多。

　　交易服务器选择 UWC-Demo.com 后单击"下一步"按钮(见图 8-53)。

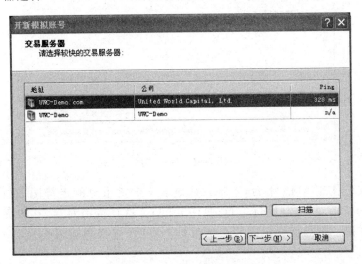

图 8-53　选择交易服务器

　　最后一步,请牢记账号、主密码和投资人密码,主密码为操作者自己使用;投资人密码只供其他人观看使用,无法进行操作(见图 8-54)。

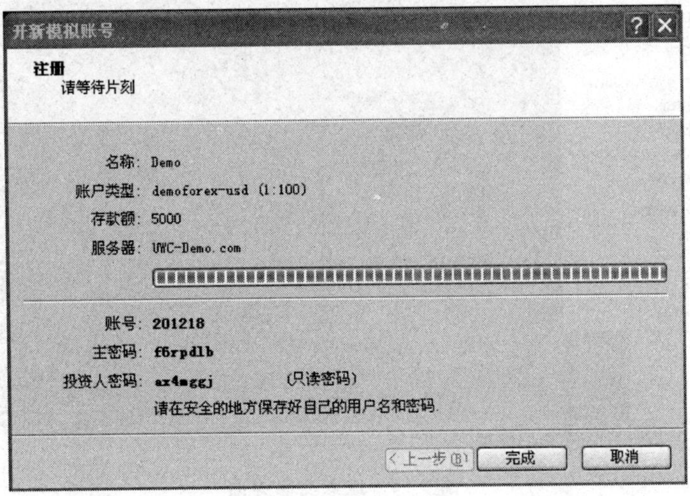

图 8-54　获取账号及密码

二、查看行情信息

注册完成后,MT4 可能会弹出自动更新窗口,单击 Start 按钮即可(见图 8-55)。

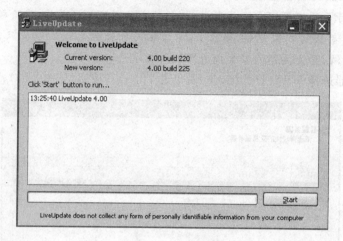

图 8-55 注册完成

第一次安装使用 MT4 平台,系统默认显示 4 个货币对的走势图,在商品列表右侧单击想查看的货币对,选择图标窗口(见图 8-56)。选择货币对后,在界面上方单击"窗口"-"平铺"按钮。主界面会出现 5 个货币对走势图,选择想查看的货币对窗口单击最大化。

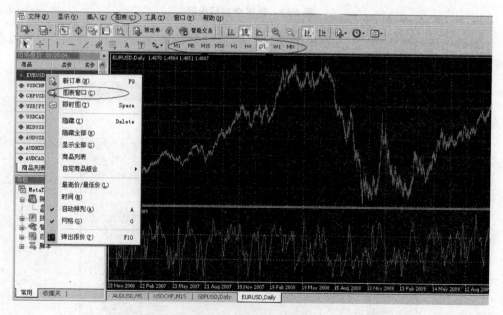

图 8-56 进入交易界面

完成以上步骤后,单击图表菜单栏,会出现与当前走势图相关的选项。

1.常用快捷键图标介绍

MT4 中的常用快捷键见表 8-1。

表 8-1　MT4 中的常用快捷键

序号	快捷键图标	快捷键名称
1	从左至右分别为：柱状图、阴阳烛、折线图	图形选项
2		放大与缩小
3	M1 M5 M15 M30 H1 H4 D1 W1 MN 从左至右依次为：1 分钟图、5 分钟图、15 分钟图、30 分钟图、1 小时图、4 小时图、日线图、周线图、月线图	时间时段选项
4		光标
5		十字准线
6		垂直线
7		水平线
8		趋势线
9		等距通道
10	新订单	"新订单"按钮
11		"技术指标"按钮

"图形选项键"从左至右分别为：柱状图、阴阳烛、折线图，目前国内有过股票或其他投资经验的投资者，对阴阳烛较为熟悉，俗称 K 线图。

"放大与缩小"按键可以调整走势图的大小。

"时间时段选项"快捷键，从左至右依次为：1 分钟图、5 分钟图、15 分钟图、30 分钟图、1 小时图、4 小时图、日线图、周线图、月线图。

"光标"键：MT4 交易平台的设计考虑到了大多数 Windows 用户的使用习惯，光标不必多做介绍。

"十字准线"：点选十字准线后，将光标移至价格走势图中，将会看到两根相互垂直的直线，横线上下移动代表价格高低，纵线左右移动代表时间远近，将两线焦点对准某个单一蜡烛，则表明某个时间段的价格范围。按住鼠标左键进行拖拽，计算机将自动计算出点差。

"垂直线"：对 K 线纵向分割。

"水平线"：对 K 线横向分割。

"趋势线"：画出 K 线趋势。

"等距通道"：即两条平行线，分为横向通道，上升通道，下降通道。

以上快捷键是 MT4 平台中最常用到，也是最基本的工具。在 MT4 平台中，也可对已画图形进行修改，即将鼠标移到图形上方双击左键，再使用画图工具进行修改。

2. 修改 K 线图颜色

单击"图表"-"属性"按钮，按照国内投资者的习惯，可按图 5-57 设定阴阳柱颜色。

图 8-57　修改颜色

三、即时交易

1. 建仓

单击"新订单"按钮。

左侧为即时图，在右侧单击商品下拉菜单，可以选择想交易的货币对。

以图 8-58 为例：一标准手为 10 万基准币（英镑），即时卖出价价格为 100000 英镑＝163630 美元，由于开户时采用美元账户，杠杆为 1∶100，所以实际上需要交纳的保证金为：1636.30 美元。

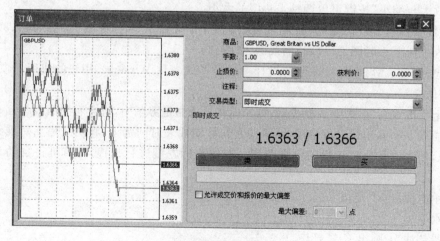

图 8-58　新下订单

价格走势图下方,单击"交易"按钮即可显示持仓订单明细(见图 8-59、图 8-60)。

图 8-59　交易查询

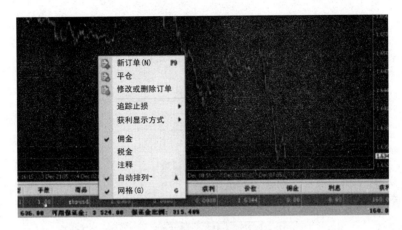

图 8-60　持仓明细

2. 平仓

在交易明细中,选择想要平仓的订单号,右击,选择平仓(见图 8-61)。

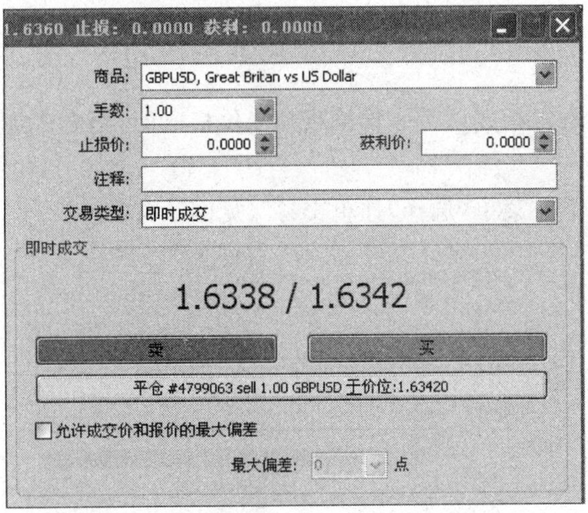

图 8-61　平仓

有时由于价格波动过于激烈,点差会在一秒钟内发生变化,MT4 会再次询问是否确定(见图 8-62)。

单击"平仓"-"确认"按钮(见图 8-63)。

图 8-62　重新报价

图 8-63　平仓确认

单击"账户历史"按钮,可查看交易历史明细(见图 8-64)。

图 8-64　账户历史

四、委托交易

1. 开仓委托

开仓委托是指投资者指定以某一价格或某一价格区间,建立多头寸或空头寸。

(1) 建立委托

单击"交易类型"下拉菜单,选择"挂单交易"(见图 8-65)。

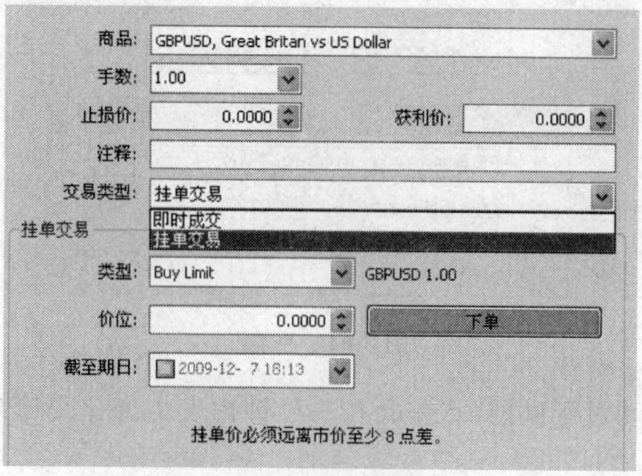

图 8-65　建立委托

Buy Limit：建多仓委托——认为该品种将会上涨，想要购买，但目前价格稍高，想等到价格稍有回调后，建仓买多(见图 8-66)。

挂单交易
类型:
Buy Limit
Buy Limit
Sell Limit
Buy Stop
Sell Stop
价位:
截至期日:

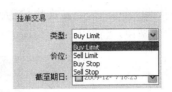

图 8-66　挂单类型

挂单价必须低于市价 8 个点差。

Sell Limit：建空仓委托——与建多仓相反，认为该货币对将会下跌，想要先卖出，但目前价格稍低，想等到价格稍有反弹后，建仓卖空。

挂单价必须高于市价 8 个点差。

截止期日：是指此订单在指定时间内有效，超过指定日期会自动撤单。

(2) 委托确认

委托确认如图 8-67 所示。

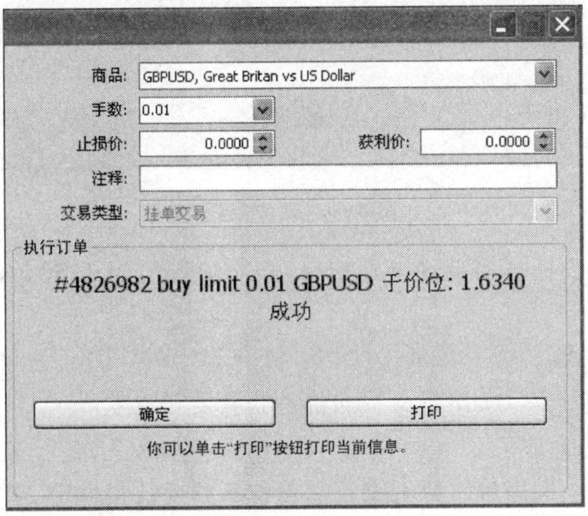
商品:
GBPUSD, Great Britan vs US Dollar
手数:
0.01
止损价:
0.0000
获利价:
0.0000
注释:
交易类型:
挂单交易
执行订单
#4826982 buy limit 0.01 GBPUSD 于价位: 1.6340
成功
确定
打印
你可以单击"打印"按钮打印当前信息。

图 8-67　委托确认

(3) 委托证实

当委托订单被提交后，在终端窗口单击"交易"按钮会显示委托证实(见图 8-68)。

订单
时间
类型
手数
商品
价位
止损
获利
价位
佣金
利息
获利
余额: 5 170.00　净值: 5 170.00　可用保证金: 5 170.00
0.00
4826982
2009.12.08 12:14
buy limit
0.01
gbpusd
1.6340
0.0000
0.0000
1.6347

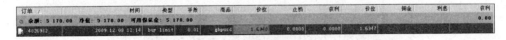

图 8-68　委托证实

在这里可以看出，未成交委托是不占用保证金的。但当投资者关闭 MT4 甚至是计算机后，如果价格到达委托价位，扔将会被自动成交。

2. 获利委托

获利委托是指以现价建立多头寸，设定一个更高的价格自动平仓。或以现价建立空头寸，设定一个更低的价格自动平仓。

(1) 建立委托

如图 8-69 所示，GBP/USD 货币对当前的买卖点差为 4 点，某投资者想建立 GBP/

USD 多头寸，当前卖出价为 1.6344，想设定一个数值，希望到该数值后自动获利平仓。也就是说，当前以 1.6344 建立多头寸，自动获利点数值至少要设定在 1.6348 或更高。

商品: GBPUSD, Great Britan vs US Dollar
手数: 0.01
止损价: 0.0000
获利价: 1.6348
注释:
交易类型: 即时成交
即时成交
1.6340 / 1.6344
卖
买
允许成交价和报价的最大偏差
最大偏差: 0 点

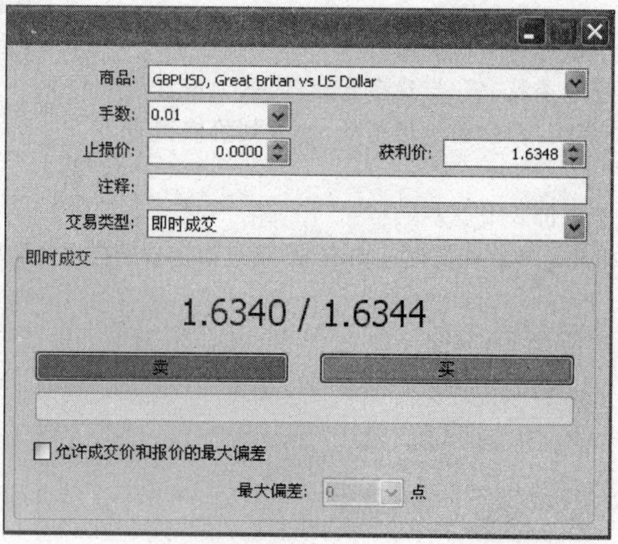

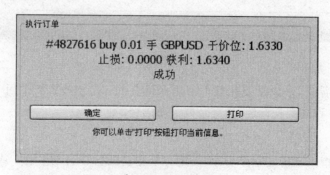

图 8-69　建立委托

空头寸自动获利委托与多头寸正好相反，当前买入价为 1.6340，自动获利点数值要在 1.6336 或更低。

获利委托点差公式：

卖出价－买入价＝获利委托点差

多头寸获利委托：

卖出价＋获利委托点差＝获利委托最低值

空头寸获利委托：

买入价－获利委托点差＝获利委托最低值

(2) 委托确认

委托确认如图 8-70 所示。

执行订单
#4827616 buy 0.01 手 GBPUSD 于价位: 1.6330
止损: 0.0000 获利: 1.6340
成功
确定
打印
你可以单击"打印"按钮打印当前信息。

图 8-70　委托确认

（3）委托证实

委托证实会在终端栏显示（见图 8-71）。

图 8-71　委托证实

3. 止损委托

止损委托是指以现价建立头寸，设定一个数值来控制亏损金额。止损是外汇保证金交易中极为重要的一部分，止损的具体设置有很多讲究，我们将会在第三部分具体介绍。

（1）建立委托

如图 8-72 所示，GBP/USD 货币对当前的买卖点差为 4 点，某投资者想建立 GBP/USD 多头寸，当前卖出价为 1.6314，想设定一个数值，希望到该数值后自动止损平仓。也就是说，当前以 1.6314 建立多头寸，自动止损点数值至少要设定在 1.6302 或更低。

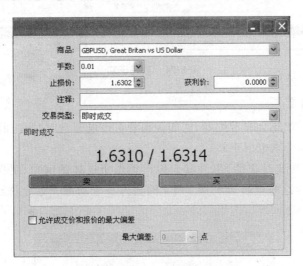

图 8-72　建立委托

空头寸自动获利委托与多头寸正好相反，当前买入价为 1.6310，自动获利点数值要在 1.6322 或更高。

止损委托点差公式：

$$卖出价－买入价＝获利委托点差$$

多头寸止损委托：

$$买入价－获利委托点差×2＝止损委托最低值$$

空头寸止损委托：

$$卖出价＋获利委托点差×2＝止损委托最低值$$

（2）委托确认

该订单的交易内容在此框中已明确说明，单击"确定"按钮即可完成委托确认（见图8-73）。

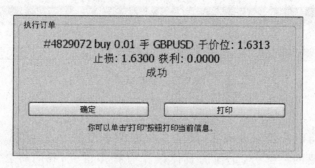

图 8-73　委托确认

（3）委托证实

在上一笔交易单完成后，MT4会在终端窗口的交易栏中，用蓝色框来显示最新发生的一笔交易订单（见图8-74）。

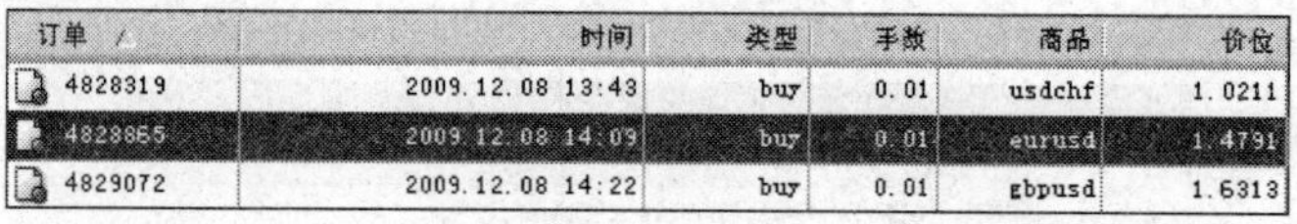

订单	时间	类型	手数	商品	价位
4828319	2009.12.08 13:43	buy	0.01	usdchf	1.0211
4828865	2009.12.08 14:09	buy	0.01	eurusd	1.4791
4829072	2009.12.08 14:22	buy	0.01	gbpusd	1.6313

图 8-74　委托证实

4. 允许最大偏差

有些时间，外汇市场会非常忙碌，比如美国外汇市场开盘时，此时的价格变化非常快，有时1秒钟变动10个点也很正常。

如果投资者想在此时交易，但经常会弹出类似于这样的窗口（见图8-75），有时耽误了投资的最佳时机，这时就可以利用MT4的另外一个功能——允许成交价和报价的最大偏差（见图8-76）。

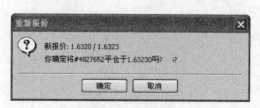

图 8-75　重新报价

图 8-76　允许最大偏差点数的设定

最大偏差点数的意义：比如当前 GBP/USD 买入价格为 1.6320，设定最大偏差为 5 点，那么成交的价格：1.6315≤成交价格≤1.6325。

五、撤单：撤销未成交委托

MT4 平台在网络速度良好的保障下，即时交易非常迅速，成交价格点数偏差一般不会超过 5 个点，所以撤单功能常用于开仓委托交易中。

当前 GBP/USD 卖出价格为 1.6312，买入价格为 1.6307，投资者在 1.6000 价位建立多头委托（见图 8-77）。

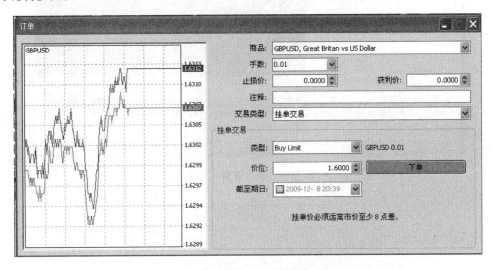

图 8-77　建立委托

执行订单成功，单击"确定"按钮（见图 8-78）。只要该订单还未被交易成功，随时都可以撤销订单。

图 8-78　执行订单

在终端栏，单击"交易"按钮，右击想撤销的订单，选择"修改或删除订单"（见图 8-79）。

通过"修改或删除订单"按钮可以修改委托开仓价位、止损价、获利日、到期日（见图 8-80）。

单击"删除"按钮后，单击"确定"按钮即可撤销订单（见图 8-81）。

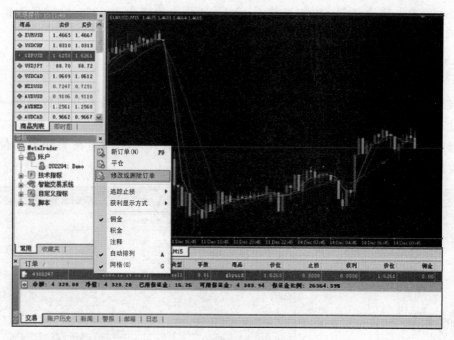

图 8-79　修改或删除订单

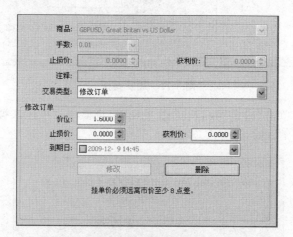

图 8-80　修改订单

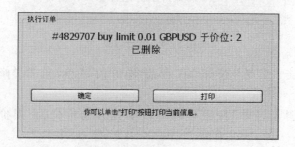

图 8-81　撤销订单

六、账户历史

在交易终端栏单击“账户历史”按钮可以查看历史明细(见图 8-82)。

订单	时间	类型
4847500	2009.12.09 09:08	balance
4870433	2009.12.10 10:34	sell

盈/亏: -680.00 信用额: 0.00 存款: 5 000.

交易 | 账户历史 | 新闻 | 警报 | 邮箱 | 日志 |

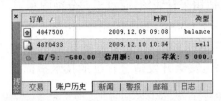

图 8-82 账户历史

值得注意的是左边的时间是订单成交时间,右边的时间是订单平仓时间(见图 8-83)。

订单	时间	类型	手数	商品	价位	止损	获利	时间	价位	利息	获利
4794519	2009.12.07 07:23	balance								Deposit	5 000.00
4799063	2009.12.07 11:51	sell	1.00	gbpusd	1.6360	0.0000	0.0000	2009.12.07 12:11	1.6343	0.00	170.00
4799538	2009.12.07 12:22	buy limit	0.01	gbpusd	1.6340	0.0000	0.0000	2009.12.07 12:23	1.6364		
4826982	2009.12.08 12:16	buy	0.01	gbpusd	1.6340	0.0000	0.0000	2009.12.08 12:19	1.6333	0.00	-0.70

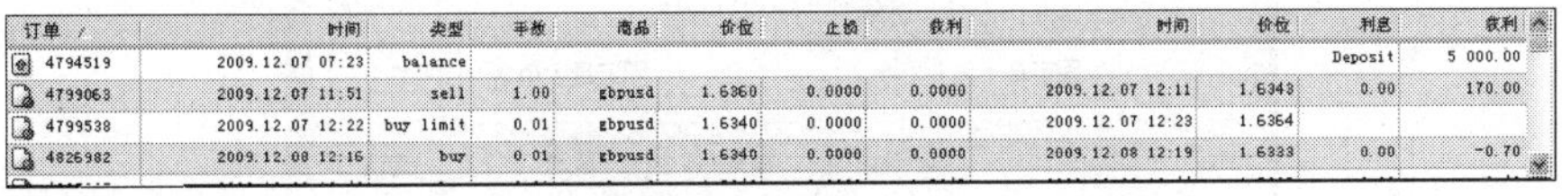

图 8-83 账户历史明细

七、添加技术指标

作为投资初学者,以下几项技术指标非常实用,应用广泛而且容易上手。

在本处只介绍技术指标如何添加,在前面的章节中已经介绍技术指标的具体用法。

1. 添加 Stochastic Oscillator 指标

单击“技术指标”按钮,如图 8-84 所示,添加 Stochastic Oscillator 指标。

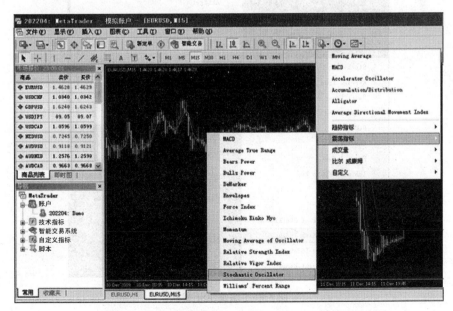

图 8-84 添加 Stochastic Oscillator 指标

此指标和 KDJ 极为相似,但只有 K 线和 D 线,没有 J 线。

通常的 KDJ 指标,设置时分别为 K:9,D:3,J:3。

不过 MT4 默认是 K:5,这是由于外汇保证金交易有大部分投机者只采用超短线交易,KDJ 指标 9:3:3 配置适用于日线图,而对于 5 分钟图和 15 分钟图,建议使用 5:3:3,1 小时和 4 小时图则可使用 7:3:3,实际应用中,初学者不会感到很大差异,随着投资技术的进步,投资者会领悟到不同货币对,每日波动幅度也不相同。MT4 的好处是任何指标都可以自己进行详细设置,甚至开发适合自己的技术指标(见图 8-85)。

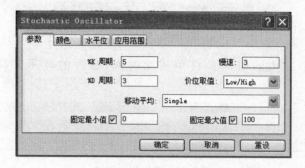

图 8-85　设定参数

2. 添加 RSI 指标

单击"技术指标"按钮,找到 Relative Strength Index 技术指标进行添加(见图 8-86)。

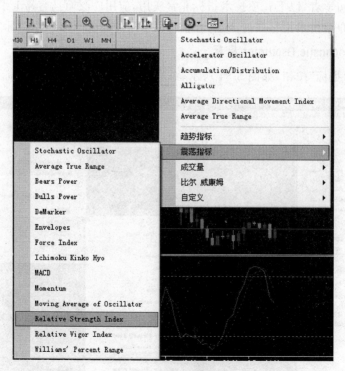

图 8-86　添加 RSI 指标

　　MT4 默认的时间周期是 14,实际上所有的技术指标时间周期的意义都是相同的,意义都是一个:以几根 K 线蜡烛来进行计算(见图 8-87)。

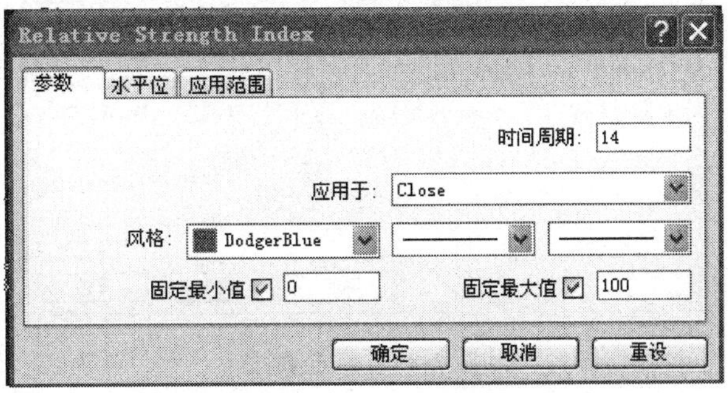

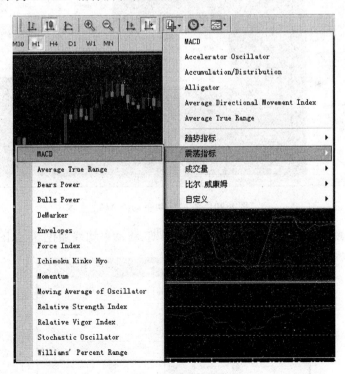

图 8-87　设定参数

　　举例来说:RSI 指标时间周期设定为 14,意味着价格趋势主图中,每出现 14 根蜡烛图,RSI 就会进行计算。换句话说,时间周期越短暂,也就意味着该技术指标在应用中越敏感,但同样的,越敏感的技术指标,意味着准确度就越低。

3. 添加 MACD 指标

　　单击"技术指标"按钮,找到 MACD 技术指标进行添加。

　　图 8-88 所示为 MACD 指标所在位置。

图 8-88　添加 MACD 指标

在参数设置时,单击"水平位"→"添加"→"确定"按钮(见图 8-89)。

图 8-89　设定参数

4. 添加移动平均线 Moving Average

添加完之前的三个指标后,请按照图 8-90 所示,建立一个新的窗口,并单击"技术指标"按钮,选择 Moving Average 移动平均线。

图 8-90　添加移动平均线 MA

投资者可根据自己的投资习惯选择时间周期、移动平均线颜色等(见图 8-91)。

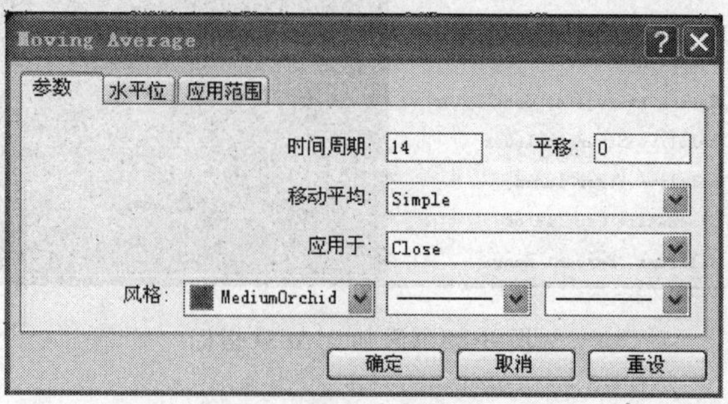

图 8-91　设定参数

按照上述方法,可以对此图反复进行移动平均线添加。价格走势主图上将光标对准想修改的 MA 线,右击即可进行修改或删除(见图 8-92)。

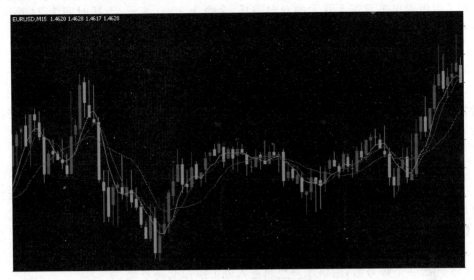

图 8-92　选择均线周期及颜色

本 章 要 点

1. 通过中国工商银行个人外汇买卖业务模拟系统和世华财讯的外汇模拟系统,分别介绍了外汇实盘交易和外汇保证金交易的操作流程。模拟商业银行和经纪公司的个人外汇实盘交易和保证金交易。

2. MetaTrader 交易平台基本操作,通过实际操作的流程介绍,模拟外汇保证金交易的整个流程。使读者从外汇保证金的概念、特点认识了保证金交易,并且通过图例,一步步掌握 MT4 交易平台的基本使用方法,同时对初级技术分析有了一定的了解。

本 章 思 考 题

一、实训题

【实训任务 1】

登录中国工商银行外汇模拟交易系统,完成以下任务并回答相关问题。

(1) 叙做卖出美元买入欧元的即时交易,金额为 1000 美元。

(2) 叙做卖出美元买入欧元的获利委托,金额为 1000 美元,委托时间为 24 小时,获利价格设定为与即时汇率相差 50 个点。问题:

① 获利价格应为多少?

② 即时汇率如何变动,变动到多少时该委托会被执行?

(3) 叙做卖出美元买入欧元的止损委托,金额为 1000 美元,委托时间为 24 小时,止损价格设定为与即时汇率相差 50 个点。问题:

① 止损价格应为多少?

② 即时汇率如何变动,变动到多少时该委托会被执行?

(4) 叙做卖出美元买入欧元的双向委托,金额为 1000 美元,委托时间为 24 小时,获利价格和止损价格均设定为与即时汇率相差 50 个点。问题:

① 获利价格和止损价格各应为多少?

② 即时汇率如何变动,变动到多少时该委托会被执行? 执行结果如何?

(5) 叙做卖出美元买入欧元的获利委托,金额为 1000 美元,委托时间为 24 小时,获利价格设定为与即时汇率相差 50 个点。并追加一个止损委托,委托时间为 1 天,委托价格设定为与原委托价格相关 50 个点。问题:

① 说明该追加委托的内容。

② 即时汇率如何变动,变动到多少时追加委托会生效(思考追加委托什么情况下生效)?

③ 如原获利委托执行,市场汇率接着如何变动,变动到多少,追加委托会被执行? 分析追加委托执行的结果。

【实训任务 2】

进入 MT4 外汇模拟交易系统登录页面,完成以下任务。

(1) 注册一个账号后,用该账户登录进入外汇模拟交易系统。

(2) 修改主图中的 K 线颜色(阳线红色,阴线绿色),并找到以下 2 根 K 线。

① 带有较长上影线。

② 带有较长下影线。

(3) 分别圈出并做截图。

(4) 简要说明其含义。

【实训任务 3】

通过已注册完成的模拟交易账号,进行模拟交易操作;使用即时和委托两种交易方法,进行外汇保证金交易。

【实训任务 4】

结合第 4 章所学内容,在 MT4 平台中设定 4 个技术指标(分 2 个窗口,每个窗口 2 个指标),在技术指标分析的基础上,每个窗口至少做一笔交易,要求写明每次交易的入场原因,持仓过程,平仓原因并且要求截图保存。

【实训任务 5】

根据行情分析,结合第 4 章所学内容,在 MT4 平台中进行 2 次完整的交易(多头—平仓;空头—平仓),无论交易是否盈利,请写出 2 次交易的整个过程。要求:

(1) 写明每次交易的入场原因(即行情分析),持仓过程,平仓原因并且要求截图保存。截图中标明真实的买点和卖点。

(2) 行情分析中使用课上讲到的方法,如 K 线(组合)、趋势线、技术指标等,在截图中要有所体现。

二、课外调研

在国内各家商业银行中,选择两家银行(包括国有商业银行、股份制商业银行),登录相关网站查阅个人外汇交易的信息,了解该银行个人外汇交易的流程规则和交易步骤,以及相关的术语。

参 考 文 献

[1] 陈雨露.国际金融[M].4版.北京：中国人民大学出版社,2011.

[2] 周小川.国际金融危机：观察、分析与应对[M].北京：中国金融出版社,2012.

[3] 魏强斌.外汇交易圣经[M].4版.北京：经济管理出版社,2017.

[4] 马里奥·辛格.外汇交易12密钥[M].北京：机械工业出版社,2016.

[5] 詹姆斯·陈.外汇交易必读[M].杨艳,译.北京：中国人民大学出版社,2010.

[6] 魏强斌.外汇交易进阶[M].北京：经济管理出版社,2011.

[7] 皮埃尔·安东尼·杜索里尔.外汇交易指南[M].赖岸林,范懿君,译.太原：山西人民出版社,2011.

[8] 艾特曼,斯通西尔,莫菲特.国际金融(原书第12版)[M].刘园,等,译.北京：机械工业出版社,2012.

[9] 莲恩.外汇市场即日交易(修订版)[M].林惠文,译.广州：广东经济出版社有限公司,2011.

[10] 梁建峰.人民币外汇市场风险管理研究[M].北京：经济管理出版社,2012.

[11] 阿本·康福拉斯.外汇交易教程[M].许婧,译.北京：机械工业出版社,2016.

[12] 魏强斌.外汇交易三部曲[M].2版.北京：经济管理出版社,2015.

[13] 图米.揭秘外汇市场[M].李佳彬,黄钟文,译.上海：上海财经大学出版社,2013.

[14] http://www.safe.gov.cn(国家外汇管理局).

[15] http://www.icbe.com.cn(中国工商银行).

[16] http://www.cmbchina.com.cn(招商银行).

[17] http://www.95559.com.cn(中国交通银行).

[18] http://www.boc.cn(中国银行).

[19] http://www.ccb.cn(中国建设银行).

[20] http://www.jrj.com(金融界网站).

[21] http://www.forex.com.cn(外汇通).

[22] http://www.shihua.com.cn(世华财讯).

[23] http://www.globefinance.net(世界汇金网).

附　　录

附录 A　国内实盘外汇交易与国际保证金外汇比较

类　型	实 盘 交 易	保 证 金 交 易
开户	国内银行	海外外汇交易商或是其在中国的代理
资金托管	国内银行	海外外汇交易商指定的银行机构或是该交易商在中国的代理
最低开户额	300 美元	有些交易商 50 美元即可
点差	直盘 30 点左右,交叉盘 60 个点	直盘 3～5 点,交叉盘 7～10 个点
交易方向	只能在美元贬值的时候交易,美元升值的时候无法交易	双向交易,美元贬值和升值的时候均可。又称做多,做空
杠杆	1∶1	标准为 1∶(25～50),迷你为 1∶(100～250)
收益	若 1 万美元本金,盈利一个点为 1 美元	标准账户盈利一个点为 10 美元,实际动用资金为 2000～5000 美元。迷你账户盈利一个点为 1 美元左右,实际动用资金为 50～100 美元。
风险	实盘可以说是没有绝对的风险,因为它的交易实质上是钱与钱的交换,即使发生损失也不会最后一文不值;货币的波动有规律性,即使一时被套,只要耐心等待都能回来	保证金由于其一个点的价值在 1～10 美元左右,所以可想而知当行情波动上百甚至上千点的时候,若方向判断错误则最多可损失上万美元。再加上交易所的 5-3-1 原则,会在交易者本金为单子金额的 1% 时强行平仓,此时便没有机会再等行情的回头
监管	受中国人民银行监管	不受国内法律监管,受该海外交易商本土法律监管

附录 B　我国银行间外汇市场做市商名单

银 行 名 单	即期做市商	远期掉期做市商	即期尝试做市	远期掉期尝试做市
中国银行	√	√		
中国农业银行	√	√		
中国工商银行	√	√		
中国建设银行	√	√		
交通银行	√	√		
中信银行	√	√		
国家开发银行	√	√		
上海浦东发展银行	√	√		
中国光大银行	√			√
华夏银行	√	√		
兴业银行	√	√		
花旗银行(中国)有限公司	√	√		
渣打银行(中国)有限公司	√	√		
汇丰银行(中国)有限公司	√	√		
德意志银行(中国)有限公司	√			√
三井住友银行(中国)有限公司			√	√
三菱东京日联银行(中国)有限公司	√	√		
招商银行	√	√		
中国民生银行	√	√		
东方汇理银行(中国)有限公司	√			√
广东发展银行	√	√		
平安银行	√	√		
宁波银行	√	√		
蒙特利尔银行(中国)有限公司	√	√		
法国巴黎银行(中国)有限公司	√	√		
瑞穗实业银行(中国)有限公司	√	√		
星展银行(中国)有限公司	√	√		
美国银行上海分行	√	√		
摩根大通银行(中国)有限公司	√	√		
中国邮政储蓄银行	√	√		
上海银行	√			√
南京银行	√			√
中国进出口银行		√		
法国兴业银行(中国)有限公司	√			
宁波鄞州农村商业银行			√	
浙商银行				√

（自 2017 年 4 月 1 日起）

资料来源：国家外汇管理局网站.

附录 C 外汇交易常用术语中英文对照

- (标准的)远期交割日——(Standard)Forward Dates
- 保证金——Margin
- 本票——Promissory Note
- 变动(化)保证金——Variation Margin
- 标准的交割——Value Spot or VAL SP
- 初始保证金——Initial or Original Margin
- 单一汇率——Single Rate
- 当日交割——Value Today or VAL TOD
- 到期月份——Expiration Months
- 掉期交易——Swap Transaction
- 多头——Long
- 多头套期保值——Long Hedge
- 多头投机——Long Speculation
- 复汇率——Multiple Rate
- 隔日交割——Value Tomorrow or VAL TOM
- 股价指数期货——Stock Index Futures
- 固定交割日的期汇交易——Fixed Forward Transaction
- 关键货币——Key Currency
- 官定汇率——Official Rate
- 国际货币基金组织——IMF (International Monetary Fund)
- 黄金期货——Gold or Bullion Futures
- 汇率——Exchange Rate
- 汇票——Draft
- 基本点——Basic Point
- 基本分析法——Fundamental Approach
- 基本汇率——Basic Rate
- 即期对即期的掉期交易——Spot-Spot Swaps
- 即期对远期的掉期交易——Spot-Forward Swaps
- 即期汇率——Spot Rate
- 即期交割日——Spot Date
- 即期外汇交易——Spot Exchange Transaction
- 即期外汇市场——Spot Exchange Market
- 即期外汇投机——Spot Speculation
- 技术分析法——Technical Analysis
- 间接标价法——Indirect Quotation

- 交割——Delivery or Settlement
- 交割结算——Delivery and Settlement
- 交割日/结算日/起息日——Value Date/Delivery Date
- 交易所——Foreign Exchange
- 金融期货——Financial Futures
- 开盘汇率——Open Rate
- 看跌期权——Put Option
- 看涨期权——Call Option
- 可兑换性——Convertibility
- 空头——Short
- 空头套期保值——Short Hedge
- 空头投机——Short Speculation
- 利率期货——Interest Rate Futures
- 伦敦国际金融期货交易所——London International Financial Futures Exchange (LIFFE)
- 买空——Buy Long
- 买入汇率——Buying Rate
- 卖出汇率——Selling Rate
- 卖空——Sell Short
- 美式期权——American Option
- 欧式期权——European Option
- 平价——At Par 或 Parity
- 期货——Futures
- 期货价格(履约价格)——Exercise Price；Strike Price
- 期货交易——Futures Trading
- 期权费——Premium
- 清算公司——Clearing Firm
- 清算机构——Clearing House
- 清算价格——Settle Price
- 升水——Premium
- 市场汇率——Market Rate
- 收盘汇率——Close Rate
- 双向报价——Two Way Quotation
- 套期保值——Hedge
- 套算(交叉)汇率——Cross Rate
- 贴水——Discount
- 投机者——Speculator
- 外币期货——Foreign Currency Futures

- 外币期货交易——Foreign Currency Futures Transaction
- 外汇——Foreign Exchange
- 外汇交易——Foreign Exchange Transaction
- 外汇经纪人——Foreign Exchange Broker
- 外汇期货——Foreign Exchange Futures
- 外汇期货合约——Currency Future Contract
- 外汇期货交易——Foreign Exchange Futures Transaction
- 外汇期权交易——Foreign Exchange Option Transaction
- 外汇市场——Foreign Exchange Market
- 外汇投机——Foreign Exchange Speculation
- 完整汇率——Outright Rate
- 完整汇率报价方式——Outright Rate Quotation
- 维持保证金——Maintenance Margin
- 现钞汇率——Bank Notes Rate
- 现货交易——Spots Trading
- 信用卡——Credit Card
- 选择交割日的期汇交易——Optional Forward Transaction
- 远期差价——Forward Margin
- 远期差价报价方式——Swap Rate Quotation
- 远期掉期率——Forward Swaps Rate
- 远期对远期的掉期交易——Forward-Forward Swaps
- 远期汇率——Forward Rate
- 远期套期保值——Forward Hedge
- 远期外汇交易——Forward Exchange Transaction
- 远期外汇投机——Forward Speculation
- 择期交易——Optional Forward Transaction
- 支票——Cheque
- 芝加哥交易所——Chicago Board of Trade(CBT)
- 执行价格——Stick Price
- (芝加哥)国际货币市场——International Monetary Market(IMM)
- 直接标价法——Direct Quotation
- 中间汇率——Middle Rate
- 逐日盯市制度——Mark to Market Daily
- 最低汇率——Low Rate
- 最高汇率——High Rate